U0336917

你的团队需要一个会讲故事的人

Whoever Tells the Best Story Wins

How to Use Your Own Stories
to Communicate with
Power and Impact (Second Edition)

| 原书第2版 |

［美］

安妮特·西蒙斯
Annette Simmons

|

著

刘雪慰 徐孝民　译

机械工业出版社
China Machine Press

图书在版编目（CIP）数据

你的团队需要一个会讲故事的人：原书第 2 版 /（美）安妮特·西蒙斯（Annette Simmons）著；刘雪慰，徐孝民译 . -- 北京：机械工业出版社，2022.8

书名原文：Whoever Tells the Best Story Wins: How to Use Your Own Stories to Communicate with Power and Impact, 2nd Edition

ISBN 978-7-111-71025-7

I.①你… II.①安…②刘…③徐… III.①心理交往 - 通俗读物 IV.① C912.11-49

中国版本图书馆 CIP 数据核字（2022）第 113516 号

北京市版权局著作权合同登记　图字：01-2022-1638 号。

你的团队需要一个会讲故事的人（原书第 2 版）

出版发行：机械工业出版社（北京市西城区百万庄大街 22 号　邮政编码：100037）

责任编辑：高珊珊　　　　　　　　　　　责任校对：殷　虹

印　　刷：涿州市京南印刷厂　　　　　　版　　次：2022 年 8 月第 1 版第 1 次印刷

开　　本：170mm×230mm　1/16　　　　印　　张：14.25

书　　号：ISBN 978-7-111-71025-7　　　定　　价：69.00 元

客服电话：（010）88361066　88379833　68326294　　　投稿热线：（010）88379007

华章网站：www.hzbook.com　　　　　　读者信箱：hzjg@hzbook.com

WHOEVER
TELLS
THE
BEST
STORY
WINS

致　谢

在本书第 2 版中，我谨向达努塔·伊莱克特拉·瑞恩、斯蒂芬·布鲁尔、马丁·卡拉法深表谢意，有你们这样头脑敏锐又乐于分享的朋友，何其美好。

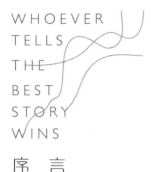

WHOEVER
TELLS
THE
BEST
STORY
WINS

序 言

　　三十年前，故事主要是讲给孩子和口述历史爱好者听的。如今"讲故事"已然被定义成一种综合性的沟通策略，将情商、教育、娱乐、神经科学悉数融入其中，故事的用途也扩展到了法律、市场营销、组织发展、领导力、医疗保健以及用户导向的设计领域。讲故事开始火起来了。

　　这不足为奇。科技把海量的信息抛向我们，我们如今需要一个有意识的处理程序，将信息还原，回到人类大脑与生俱来认识世界的方式，这种方式就是"编成故事"。从科学角度讲，大脑是以故事的形式来思考的。自从 2000 年我的第一本书《故事思维》问世，我发现大家只要学会编故事、讲故事，用故事打动自己、打动听众，那么无论什么样的沟通都会变得更顺畅。故事中的人情成分能让信息变得更加丰富，并且能唤起我们人性的共鸣，重新鼓足干劲儿。

一旦你学会如何挖掘和讲述故事，让自己与听众都感同身受，你就能自如地结识他人，并且动之以情。故事高手都懂如何运用自身的情绪反应做探测器，揣摩对方的情绪反应，从而加以利用。

练习讲述自己亲身经历的故事，知道哪些细节能让故事活灵活现。尝试用不同的叙述顺序和感人的细节重新编织事情的来龙去脉，这些都是很宝贵的练习。更重要的是，你在讲自己亲身经历的故事时，能从现场听众那儿直接得到真实反应，而不用去猜听众会有什么样的反应。

在与人沟通时，不管我们是图省事，还是好心搞出一些套路，只要缺了人味儿，沟通的效果就会大打折扣。"热门视频七要素"或"五种吸睛标题"之类的套路比比皆是，但这些只能说明，从来就没有哪一条清晰的路径能够抵达人际沟通的真正目标。

讲故事的招数大都建议你"由外而内"来构思一个故事。但凡故事总有一些共同元素，比如每个故事都有一个情节，包括人物、场景、冲突和化解。好吧，就算这些都齐备了，它也不能构造出一种情感上的联结，只是给了我一个情节（人物、场景、冲突和化解）而已。相比之下，讲述亲身故事却教你"由内而外"来讲故事，将情感和人与人的联结放在首位。只有给你的信息赋予一颗跳动的心，它才是鲜活的。当你把自己工作和生活中有意义的事情讲成故事，讲得自己都心潮澎湃，你就掌握了发掘故事的诀窍，就能动之以情、晓之以意，构思出让听众也感动的工作和生活故事。

讲述亲身故事能让你从客体的角度来看待自己的经历。比如，你可以讲一个让顾客不开心的故事，这位顾客听说有人买了和他一样的车，却只花了他一半的价钱。直到后来他得知半价的事是谣传，心里才好受一些，可是兴致已不如没听到谣传那会儿了。这就是故事给人的感受带来的影响——要么压根儿就不曾听说过半价的谣传，要么一开始就知道这是谣传，都比这个可怜的人听到瞎编的故事后以为自己被诬的感觉好受一些。同理，像"男人拿刀扎儿子"这种故事，可以讲成一起谋杀案，也可以讲成男人为了救儿子的命，给他做气管切开术。讲述亲身故事能让你意识到在座的听众也都有一肚子自己的故事，你可以拿这些故事宽慰他们，也可以拿来卖关子制造惊喜和悬念。一旦你在与人沟通时用上了讲故事这一招，那么你就得变各种花样来操练"读懂对方心思"这门技术。

一旦养成了讲述亲身故事的习惯，你的故事创意就会不停地冒出来，你讲起话来也有了人情味，而且感人肺腑。我有个朋友是做房地产生意的，他用了整整一年的时间，把自己当临终关怀志愿者的故事发布在博客上。受到这些经历的启发，他决定以讲故事的方式向市议会证明，他对自己想开发的这片土地的历史底蕴心怀敬意。他还让当地学校的孩子把那片土地的历史大事件画成画，然后把这些画插入演讲用的PPT里，而以往他都是从城市政府网站上找一张编年表插入PPT里了事。这一次，他走进当地学校三年级的课堂，给孩子们讲了两三个小时的历史课，老师们觉得这主意不错，孩子们也都乐意分享自己画的画。数周后，我这位朋友就拿到了建筑施工许可。

得知故事所蕴含的支配力量，这对我们既是一个无与伦比的机会，也是一项令人敬畏的责任。请将之用于善行，切莫作恶。

在本书第 1 版中，我引用了《选择的悖论：用心理学解读人的经济行为》(*The Paradox of Choice: Why More Is Less*) 一书的作者巴里·施瓦茨 (Barry Schwartz) 的话，用以说明，我们从未像现在这样需要故事来帮我们做出恰当的选择，并让自己不为此后悔。巴里·施瓦茨写道："总有那么一刻，所有这一切选择都会变成徒劳，甚至有害无益——成为痛苦、悔恨、患得患失的源泉，成为不切实际的奢望的源泉。"选择的海洋只会越来越宽广，因而我们比以往更需要有意义的故事来做救生圈。

在那之后，巴里·施瓦茨和肯尼思·夏普 (Kenneth Sharpe) 又合著了一本书，名为《遗失的智慧》(*Practical Wisdom*)。二位作者在书中探究了我们想依靠算法来获取和复制智慧的尝试是多么有限。智慧是因具体情境而生的，而算法在"看情况而定"的情境中则无计可施。

电商公司美捷步 (Zappos) 发现，一流的客户服务应归功于故事和文化，而不是客户呼叫中心发的某种用算法推导出的话术脚本。美捷步的客服人员没有话术脚本，而是发挥了自己的创造力。公司鼓励他们在遵守核心价值的前提下，以个性化的方式为客户服务，看情形来定跟什么人说什么话。用故事与客户打交道，感觉就像无拘无束地飞行，而用算法、政策、话术脚本、规则编织的安全网只能让我们产生错觉，以为循规蹈矩才是质量的体现，殊不知一旦涉及情绪因素，循规蹈矩也可能被对方解读为无动于衷。我们身处一个扑朔迷离又激情澎湃的世界，每个人的处境都与众不同，而信手拈来的故事正是表现我们对自身境遇的最真切反应的不二之选。

　　亚里士多德曾提到，工匠们是不会用直尺来量弧形物体和凹槽的，他们用弯曲的卷尺来量，因为卷尺与被量物体更贴合。不管多精妙的算法或公式，都比不上蕴含在故事中的灵动的个人智慧，你可以让故事"弯曲"，使其更贴合你的需要，可以有所创新，也可以即兴发挥。

　　一旦你开了窍，了解到这个世界是依我们给自己讲述的故事构建的，你就摸到了深奥莫测的智慧之门，你与人沟通时就更顺畅、更本真。我们一直自诩在几十年的职业生涯中不掺杂个人情感，但讲故事这件事却证明，不带个人情感，故事就讲不好。

WHOEVER
TELLS
THE
BEST
STORY
WINS

目　录

第三部分　▶ 向故事高手进阶

WHOEVER
TELLS
THE
BEST
STORY
WINS

第 一 部 分

用故事思考

WHOEVER
TELLS
THE
BEST
STORY
WINS

第 1 章

故事思维

开篇的几个故事讲的都是我家人的事，散发着浓浓的人情味儿。

我的外祖父在我出生六个月后就过世了，可是听了母亲讲的故事，我觉得自己对他还挺熟的。二十世纪四五十年代，外祖父是卖家乐氏麦片的，他很开朗，也喜欢逗乐子。我有一张照片，照片上外祖父骑着匹小马驹，搞得自己像个将军。只是那匹小马驹实在太矮了，外祖父都没敢把全身分量压在它身上。母亲给我讲的故事中，有一个是我外祖父总爱说起的笑话，而那个笑话抖出来的包袱正是我这本书想表达的中心思想。

一名男子走进一家宠物店，说："我想要只会说话的鹦鹉。"

店老板说："好说，先生。我们有两只会说话的鸟。这只大个儿的绿鹦鹉话可多了。"他敲了敲笼子，只听那只鸟儿说道："耶和华是我的牧者，我必不至缺乏。""它背得出整本《圣经》。我还有只红鹦鹉，是个小家伙，不过它正在学舌。"他引那只鹦鹉说："波利想要块饼干。"小鹦鹉便跟着说："波利想要块饼干。"

那名男子说："你要是能教我如何训练鹦鹉说话，我就买下这只小的。"

宠物店老板说："我当然能教你。"他和那名男子坐下，花了好几个钟头教那名男子如何训练鹦鹉。之后，店老板把小鹦鹉放进笼子里，收了钱。那名男子到家后就开始了训练课程。

一周之后，那名男子气鼓鼓地来到宠物店。

"你卖我的那只鸟儿根本不会说话。"

"真的？你照我说的做了吗？"宠物店老板问。

"做了，分毫不差。"那名男子回答道。

"哦，也许那只鸟有点孤单。跟你说吧，你把这面小镜子买回去，把它放进笼子里。小鹦鹉一看到镜子里的自己，马上就会开口说话啦。"

男子照做了。三天后，他又回来了。"我想把我的钱讨回来，那只鸟儿一声都不吭。"

宠物店老板思忖了一下，说道："我猜那只鹦鹉是闷得慌，它想要些玩具。给，这个铃铛你拿着，白送你。放鸟笼子里，它有事儿干了，就会开口说话的。"

又过了一周，那名男子又来了，比前几次火气都大。只见他冲进宠物店，手里拿着个鞋盒。"你卖给我的那只鹦鹉死了。"他打开鞋盒，里面是那只可怜的小鹦鹉。

"我要求退钱。"

店老板吓坏了。

"太抱歉了，我不清楚怎么会这样。但你能不能告诉我，这只鹦鹉可曾有过特别想说话的时候？"

"嗯，"那名男子说，"它的确说过一个词，是它临死前说的。"

"它说什么？"老板问。那名男子说："它说，'吃的——'"

可怜的鹦鹉，它是被饿死的。

如同这只想吃东西的鹦鹉一样，人们对意味深长的故事也是如饥似渴，可却被包围在毫无人情味儿的信息中，即便这些信息打扮得花里胡哨，看着很有故事感，但其作用充其量也就是给饥饿的鹦鹉一面镜子和一个铃铛。人们想从你发送的信息中感受到一种人的存在，想咂摸出一丝人性的味道，以此印证"你"（或"你们"）作为信息发送者是身在其中的。学着讲述亲身故事其实就是学着在自己发出的信息中传达出人性的味道。

不论你是想讲述品牌故事，在社交媒体上创作客户故事，制作视频故事，用故事来教导人，解读用户故事用于做设计，抑或为解释复杂的概念而编撰故事，练习发掘和讲述自己的亲身故事都能训练你的大脑用故事来思考的能力。

　　故事思维映射的是情感中的情绪、认知和精神世界的联系。对人类而言，情感是占上风的。我们抹去自己不喜欢的事实，来凸显那些让自己舒服的谎言。我们力图抑制这种倾向，于是在决策时叮嘱自己要更理性一些，少带情绪，更加客观。这么做很管用，可是如果你一直被教导要做出不带情绪的、客观的决策，那么你激发情绪、发掘故事、理解情绪规律的能力就会降低，甚至不复存在。本书赋予你用故事来思考的新技能，以此作为你用事实来思考的技能的补充。事实至关重要，但是受众如何看待事实，却是情感在其中起作用。

怎样让故事显现

　　所有让人为之心动的事件（significant emotional event，s.e.e）都可以成为一个故事。我们看图 1-1 时，就像在阴与阳之间、左右脑之间、艺术与科学之间切换一样，无法做到同时看见两个互为映衬的图像……不管以多快的速度来回切换，你在看到人像的瞬间，花瓶就从眼前消失了，反之亦然。这与我们发掘故事是一个道理。我们或许得先接受模棱两可的素材，然后才能从中发现一个呈现全新脉络并充满意义的故事，从而改变大家对素材的解读方式。

　　一旦你学会了在客观思维（花瓶）和故事思维（人像）之间自如切换，你就能以既符合事实又合乎情理的方式讲述正确答案。如果仅仅给出正确答案就完事了，那么想减肥的人只要读一本有关节食的书就行了。改变行为习惯，不仅仅要知道应该做什么，还得让自己"**乐意**"去做才行。

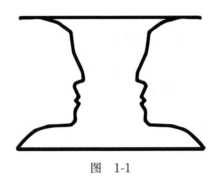

图   1-1

商业头脑普遍对故事思维有点小小的忌惮，因为这要求我们暂时将客观性搁置在一旁，转而关注那些能带来情绪反应的故事、隐喻、类比和直觉。这很像那张花瓶／人脸图片，我们先看一个，然后切换成另一个，给它们均等的时间，然后把对两者的认识融为一体。与事实相比，故事显得有些混杂而且断断续续。而我们若想理解情绪，就得学会说模棱两可的、变化纷繁的、没有一定之规的情绪语言，即故事语言。

要得到一个有冲击力的故事产生的情绪回馈，需要暂时放弃顽固的批判性思维（critical thinking）去发掘一个故事。如果能从故事中更轻松地发现新点子，谁还需要那些花大价钱的定量数据分析呢？最近有一个定量分析项目，是在员工的名牌里嵌入麦克风、位置传感器和加速传感器来观察其行为，结果显示公司若将专供高管使用的奢华咖啡机换掉，打造一个共享空间，让所有人都可随意在此享受 15 分钟的茶歇，那么公司的生产率会提高，员工流失率会下降。我们只需要发掘出一些有关包容和排斥的故事，便能找到提高员工敬业度的方式，从而省下做实验和调研的钱。

当你收集并讲述那些让人觉得有意义的亲身经历时，故事思维自然而然就启动了。一件事之所以让人觉得有意义，是因为它是一个与我们自己相关的故事。故事反映了人们对围绕事件的人、习俗和文化的理解脉络。故事悬浮于事实之上，在好的、坏的、相关的、不相关的事实之间连线，或将其断开，从而呈现出你个人想表达的意思。

什么才重要? 为什么

每一种文化都建立在故事和隐喻基础之上，这些故事和隐喻汇集了某种文化对人类遇到普遍存在却又难以描绘的两难困境时应做的选择，例如如何对待时间、权威、安全、金钱和道德，还有其他诸多重要方面。某种文化看重什么，就一定能找到一个故事来告诉你什么对这一文化群体是重要的，以及为什么重要。

有了故事思维，很多精彩的事都会发生。当你知道自己"**应该**"做什么却"**不愿**"做时，找到恰当的故事就能让你有所突破。我曾给一些处于职业倦怠边缘的高管辅导如何讲故事，每当他们分享完自己当初为何选择来干这个行当的故事，他们都说感到身上涌出了一股力量，让自己又重新爱上了所从事的职业。

我的一位人生导师曾给我发过一条短信，让我颇感意外，他在短信中写道:"我太欣赏你了。"这句话神奇地改变了我的心情。后来有一次和朋友吃午餐,我把这份褒奖给了他,也改变了他的心情。当我不再端着架子,而是真心赞美他时,他开心地笑了。

回想一下你的初恋,想想你那时的心理状态、你的关注点、情绪和行为。那时你多大年纪?留什么发型?穿什么衣服?回想你们的每一次亲热,我是说那种青春萌动的耳鬓厮磨。好,停在此刻,直到你回想起当时的那种情感,你是不是露出了微笑?有没有一丝想去干点什么的冲动?说不定你都想去寻觅一下阔别多年的旧爱如今在何方呢。

现在让一些不太愉快的事情来磨炼磨炼你。回到你的高中时代,回想某次你遭到拒绝后的尴尬经历,只要是当众出糗的事都行,随便拈出一件。大多数人上高中时都少不了经历这种事。请你凝神在那件事上,回忆在场人的名字,在脑海里回放当时的环境,让情境再现。现在请觉察被你重新激活的情感暗流,你可能会感到有股强烈的冲动要去阻止类似经历重现。这个实验向我们演示了注意力的作用,沉浸在一段回忆中,通过改变你的感受来改变你的现状。

故事思维的关键在于先要弄清楚哪种故事能够激发自己的情感,然后再去发掘那些能激发他人情感的故事。这种从内部练就的本领,可以让你学会如何用故事来激发出情感,从而敦促大家一起去行动。

故事思维与客观思维并不矛盾

学习用故事来思考并不会损害你的客观思维能力。你仍旧可以尽情发挥你的客观思维来对成本／收益做出理性分析。如果你天生喜欢用根源分析或统计学这类客观性工具来分辨"对"与"错"，那么切换到主观思考模式可能会令你不适。切记，我们用故事来思考并不是说要放弃客观逻辑和可量化的结果。运用故事思维是为了探寻自己和他人的情绪和认知模式，以此来使客观事实变得更丰富。故事思维可以探究出为何人们循着错因却可能做出正确决策；它还会打开我们的眼界，让我们看到错事如何变好事（像很多电视真人秀演的那样），以及好事如何变坏事（比如在疫情蔓延时为特效药申请专利）。如此，我们处理事情时就不会过于草率，或者忽略极端情况而只取其平均值。

有些人天生就能在客观因素和主观因素之间无缝切换，自如得像钢琴神童。而我们大多数人要么偏向客观，要么偏向主观。西方教育体系培养出的多是客观思考者。相比之下，右脑思维、艺术诠释，以及"阴"的玄奥世界则与故事思维如出一辙，有时甚至可以互为替代。换个说法，如果你擅长左脑思维、科学导向、阳气十足，那么故事思维对你可谓一条捷径，去帮你发现更多有创新性的、人性化的点子，并能帮你更好地与人建立情感纽带。

让内心的抵触歇一歇

你内心的抵触情绪会让你对故事思维表示怀疑，认为它过于主观、不理性，或是老掉牙。故事虽是当今的热门话题，可发掘和讲述故事的方式仍然十分老套，好像还停驻在史前。客观思维想让我们用科技、自动化或量化来给这一方式换个新花样，但务必注意，这可能会毁掉你想要探寻和理解的东西。

我不是技术派，并不热衷把故事的发掘和讲述过程转化成模块、配方或策略。我总听人说故事一般会有开头、中间和结尾。拜托，什么事没有开头、中间和结尾？同样，即便有情节、有人物、有主题、有冲突，也未必就有一个好故事。只有能够激发出一种发自内心且感同身受的交流，令讲故事和听故事的人都觉得酣畅淋漓，这才叫作故事。

故事可不只是人类在发现科学和技术之前的思考模式，我们的大脑现在依然在用故事思考。第一步就是暂缓客观思考，然后找寻人类情绪的源代码——经历。故事是由人类大脑负责社交和情绪的区域编码而成的，这个区域是大脑边缘叶系统，即杏仁体。此外还有大脑中的其他一些核心区域，这些区域更信赖五感，而不是数字或某个字母这类符号。在这些区域，数字和语言远不如记忆和图像更能反映物理实相。大脑的这些区域把经历当作最好的老师。因为故事是模拟的经历，所以它与真实经历只是略有偏差。

故事并不遵循逻辑的传统规律，它们会在眨眼间改变你对某些重要且有意义的事情的解读。一开始这让人有些不安，但只要你习惯了，就会发现这正是故事思维的奇妙之处。

有位老农夫每天下午都会耐心地陪一位不安稳的邻居聊会儿天，这位邻居特别爱管闲事儿，每天到点儿就来串门儿。这天下午，邻居又来了，一进门就大呼小叫："你又买了匹马？昨天我看就一匹，今天变两匹了。"

农夫就跟邻居说了这匹既没记号也像是没主人的马是如何闯进他家马厩的。他解释说，自己已经把熟人问了个遍，可还是没找到马的主人，他只能先养着，等找到主人再说。

邻居说道："你真是个有福之人。昨天只有一匹马，今天就有两匹了。"农夫说："可能吧，到底怎样还难说。"

第二天，农夫的儿子想骑一下这匹新来的马，不想从马上摔下来，腿折了。那天下午，来串门儿的邻居说："你可真没福气，这下你儿子不能帮着干农活儿了。"农夫说："可能吧，到底怎样还难说。"

第三天，有支队伍路过村子，拉年轻人去做壮丁。农夫的儿子因为腿折了没被拖走。那位邻居便又说："你可真是个有福之人。"而农夫还是那句话："可能吧，到底怎样还难说。"

想想我们浪费在唇枪舌剑上的时间，什么是真的？什么是假的？这全看我们给自己讲了什么故事。那位农夫所经历的到底是福还是祸也是因故事而定。福和祸都是真的，只是看你处在故事的哪个阶段。故事思维是随着观点的变化来调整决策和战略举措，而不是将所有难辨之处用"最低共同标准"一刀切，貌似厘清了，实则不然。我们知道万事万物都将在明天发生改变，所以我们不如依赖那些不变的东西——意义和普遍真理。那些触动人们心弦的故事传播的就是这种真理，它们在你我出生前就真实存在着，在你我死后仍将真实存在。

在西方社会，人们一直以来投入大量时间和精力学习如何在做决策时将情绪因素排除在外，殊不知忽视情绪因素的决策本身往往也会遭到忽视。故事思维并不是让我们将情绪因素**带入**决策，而是让我们正视人生来就有情绪因素。

用故事来思考会让人觉得有些悬，或者说不踏实，但我有一位精神病学家朋友说，初见光明的盲人不会因为看见一些恐怖的东西就自戳双目。故事只是展现了它们原本的情绪性推理模式，这样你就能看清通往目的地的最佳路径。

本书的宗旨就是为你能把故事当作可信赖的工具做一些铺垫。对于终其一生都在追求客观性和理性的人来说，任凭情绪因素掺杂进决策中，难免会忐忑不安。在工作场景中讲故事，可以唤起个人决策中一直被排斥的情绪因素，这也许会让那些确信情绪因素不重要的人感到害怕。慢慢来，别着急。故事是强有力的工具。当你讲出新的故事，你就向他人输送了新观点，就会改变他们的看法和行为。如此一来，你也就会改变未来。

WHOEVER
TELLS
THE
BEST
STORY
WINS

第2章

故事是提炼过的经历

经历是最好的老师——从来就是，永远都是。经历可以转换思维，改变决定，催生同心合力的行动。

如果我们真有魔法能为自己想影响的人带来一段别样的人生经历，我们将改变世界。假如一名软件工程师突然穿越到某客户的日常生活中，亲身体验他自己设计的系统，感受系统漏洞带来的苦恼；假如某位政府官员附体于某位低收入的单亲妈妈，过一天她过的日子，不要多，只要一天，想想那情形该是何等"温馨而魔幻"——一个平时连自己的干洗衣物都不去取的家伙，现在却要带着三个小捣蛋鬼去超市购物，还要精打细算，用最低收入的工资买新鲜水果和蔬菜，这位政府官员这辈子能忘记这段经历吗？

直接体验是斯克鲁奇式教育[⊖]，即让只重眼前的老板、伙

⊖ Scrooge method of education，斯克鲁奇是查尔斯·狄更斯小说《圣诞颂歌》中的主人公，以吝啬著称。——译者注

计、顾客、小年轻穿越到某个地点和时间，在他们脑海最深处留下一段难以磨灭的经历。这种亲身体验深潜于理性认知的意识层面之中，它所带来的深层次认识，会让人产生真正的共情，进而挑战由顽固的本位主义和浮夸的官僚作风带来的貌似清楚、实则错误的认知。设想把一位投资商放到某个欠发达国家的小作坊里去汗流浃背地干上一阵子，然后再问问他，真的不可能敦促供应商去改善工人的工作条件吗？听他怎么回答。

然而，亲身经历——这种最能影响他人的做法在大多数情境中却行不通。即便有人急需跳出自身狭隘的视角，放眼外部，你也不能把他绑架了去体验。你最好的做法只能是用一个生动且有感染力的故事，将这些经历讲给人听，让他们身临其境。他们每听一个故事，就像是亲身经历了一次，哪怕这经历是他们间接感受到的。这也是我为什么将**故事**定义为再想象的经历，因为要融入充分的细节和感受来讲述，以此引发听者的想象，让他们感到自己好似真的经历过一样。我们还有其他一些从文字和文法上对故事的定义，也很有益，但我的这个定义是让你将关注点放在故事如何影响和改变人们的感觉上。

你可能都没意识到自己什么时候讲了亲身经历，讲了多少次，但你讲的每个故事都会进到"故事库"里，人们会用它们来解读新的信息。战争故事、逸闻趣事、评头论足、肯定认可，每一则都会营造你的团队的文化氛围。你是否成功，关键取决于别人心中有关你工作、个人、社交生活的故事是怎样的。这些故事甚至形成你对自我的看法，因为它们反映了这个世界是如何对你的。

　　或许你一向遵循从事实和数据出发的策略，将情绪因素置之度外。然而，基于大数据的经历证明，数据和事实过多只能导致回报递减，让我们产生一种"被淹没"的情绪。我们的大脑需要编故事来认识复杂的事，而每天扑面而来的信息以及我们经历的事情都越来越复杂。我们的故事能帮我们权衡信息重要与否，也能根据我们的观点来判断信息是好是坏。当今世界，复杂性和模糊性无处不在，若不主动用故事引导，我们就只能被动地听凭对方用故事对复杂性和模糊性做出解读，而这可能对组织不利。关键是要对你讲述的故事特别留心，这样你才能从中受益。

我们每天都在讲的故事

　　从某种意义上说，讲故事不用特地**学习**，因为我们每天都在讲故事。这本书真正的用意是帮你**更加留心自己讲的故事**，这样你就能对自己故事传达和支持的观念加以调整。大多时候，我们意识不到自己在讲故事，更察觉不到这些故事给我们人生带来的深刻影响。

　　遗憾的是，我们常讲的故事总是在说自己有多累，别人有多蠢，还有自己在机场或机舱的遭遇之悲惨是多么的无人能及。在当今社会的社交关系中，同理心是一种十分稀缺的资源。我们大多数人都没意识到自己趁着开会或是面对面交谈在发泄怨气，或是在传播有关冲突的故事。我们的确需要发泄怨气，讲故事也的确奏效，但是不应该对我们想影响的人这么做。

你**已经**在讲故事了，你在告诉大家你是谁，你为何在此，你憧憬什么，珍视什么，教导什么，你揣测到的别人的小心思是什么。只是你还没注意到自己的故事有多厉害。为了引起我们的注意，来看看六类会给人带来影响，激发想象力和创新的故事。

"我是谁"的故事

你得具备哪些特质才会影响他人呢？不妨讲个故事来证明你拥有这些特质，故事里要有时间，有地点，有事件。要告诉大家你是一个什么样的人。你有孩子吗？你小时候什么样？你父母教了你什么？你从第一份工作中学到了什么？讲些你的个人经历，大家先得知道你是谁，然后才会信任你。

"我为何在此"的故事

一旦人家觉得你在兜售的某个主意会耗费他的钱财、时间和资源，对方会立刻怀疑你讲的"事实"失之偏颇。不过，如果你做这事不只是为钱，那就告诉对方你有金钱之外的追求；如果就是为钱，那就大方承认。

教导型故事

有些教训只能从经历中获取，有些教训（比如耐心）要反反复复才能学会。你可以跟某人说，叫他耐心一点，但往往白费口舌。不如编个故事讲给他听，分享一段有关耐心带来好处的经历。一个有关耐心的故事短小精悍，却比单纯的建议更能改变人的行为。

想在三分钟之内塑造人的耐心，这是最管用的方法了。

愿景故事

一个描绘远大未来的、激动人心的故事能让人觉得眼前的困难都是"值得的"。当遇到重大项目和新挑战时，未参与决策的执行者往往有畏难情绪和挫败感。如果没有一个愿景，这些毫无意义的挫败感只会消耗团队的活力。然而一旦有了愿景，有了值得为之奋斗的目标，路上遇到再大的阻碍都会变成小磕绊。但是也要小心，因为那种"说得天花乱坠，成事微乎其微"的愿景故事带来的弊大于利。

"行为价值观"的故事

价值是主观的。对这个人来说，正直意味着去做老板交代的事；而对另一个人来说，正直意味着对老板说"不"，即便为此丢掉工作也在所不惜。如果你想倡导或培育一种价值观，只能通过讲故事来提供一个"示范"，以行动来切实说明这种价值观的内涵是什么。假设的情境会让人觉得既虚假又充满了说教，所以还是要具体一些。

"将心比心"的故事

人们都喜欢一团和气。很多时候，有人已经横下心要对你的想法提出具体的反对意见，但他们并不会站出来说"我认为你就是一派胡言"，虽然这是他们的心里话。这时如果你能用一个故事来说出他们心中的疑虑，不是一味地替自己申辩，而是先认可这种反对意见的存在，再去化解它们，那么你可能会从对方那里收获一份意想不到的信任。

选好你要讲的故事

正如前文所述，如果我们根据人们平日讲的故事来论断人，我们会认为大多数人都是压力重重而且还被误解的人（我是谁），他们在繁文缛节和愚蠢的决策中寻找出路（我为何在此），他们盼着退休或是某人被解雇（愿景），他们相信那些"样样皆有的人"并不很关心那些"一无所有的人"（行为价值观），他们在不知不觉中讲的故事都是向同伴传达再怎么努力都无济于事（教导），因为他们已经尝试过并且失败了（将心比心）。

我更想鼓励你们带着正能量讲故事，这样可以帮你在工作、家庭和社群中获得更多成就。当你们留心我归纳的上述六类故事时，你们就会有意识地去培育那些能达成目标的感觉，而不是扩大问题。

假如你想与新员工或是与刚经历重组、心生怨愤的老员工建立信任，最好的办法就是身体力行。这是毫无争议的。人们想看到我们信守承诺、言行一致、守口如瓶。但是，建立信任感需要花很长时间。若是信任有了裂痕，要花更多的时间来改掉事后指摘、争执不休或消极抵抗的毛病。

这时你需要合作。即使你花了大量时间来建立信任，大多情况下，人们也看不到你在何时、以怎样的方式做着正确的事情。

现实中，几乎没人能体会你为信守约定付出何等努力，因为这一切发生时他们不在场；他们也看不到你在重压之下如何想方设法来保护自己团队的人。大多数人永远都不知道你为他们仗义执言所付出的代价，至少不会亲眼看到。你若不把发生的故事讲给他们听，他们只能从日常交往中感受你的为人，而这是不完整和残缺的；他们所见到的只是浮光掠影中的你，就这往往还只是一孔之见，而因为工作的辛苦，这些难以充分显示出你有更好品质。

　　让我们来想想你平时某一天的样子。早上醒来，你满心期待要度过充实的一天。结果，孩子们把麦片粥溅得到处都是，你的狗跳到你才洗干净的裤子上，开车时还冒出个讨厌鬼加塞儿，这一天和平日里一样不消停。到办公室后也难得安宁，电话响了，你接到消息说自己拿下了那个一直惦记的大客户，于是决定当天下午在员工会上和团队的人好好庆祝一番，你还寻思着要不要去买些甜甜圈一起吃。三个钟头过去了，你终于"吭哧吭哧"看完了本该昨晚就看完的几份报告，这些报告写得详尽至极，但你心里嘀咕着它们与你有何干系。恰在此刻，你发现有几个员工没在做事，而是在走廊里玩高尔夫球。就这样，立马写邮件禁止人们在走廊里玩高尔夫球成了你的当务之急。拿下新客户的那股兴奋劲儿退去了，然后到了下午，你忘了买甜甜圈的茬儿，员工会也就是个员工会，与平时没什么两样。

　　在这起起伏伏的一天中，你的团队**什么时候**能感受到你的感受呢？是在你高兴的时候、充满干劲儿的时候，还是在你处于最佳状态的时候？抑或是在你失落和沮丧的时候？不得不承认，我们高兴或充满干劲儿时是不怎么引人注目的，那会儿的我们有点像隐身在某个角落。我们只有在总想去纠正什么的时候，才会惹人注意。的确，西方文化堪称有"纠正癖"——监控而后纠正，再监控，而后再纠正。这样就产生了问题，即在人们的感知中，总是那么喜欢否定别人。

我们的大脑天生更关注问题，而非如何缔结关系、循循善诱、描绘愿景、创新构想或是化解误会。如果只看到问题和毛病，我们就会觉得没什么东西是值得信赖的。就像你不喜欢某电视台讲的事，你就换个频道。

在当今世界，你若只顾事实和数据，那么情绪性推理就无处发挥。如果你讲故事时没有倾向性，那么你或许就会在不经意间忽略人们的感受、激情、意义感和观点，如此一来，便会造成一些负面感觉和错误。

你的故事不仅要有倾向性，还必须有你自己的个人色彩。事实上，每个故事都是一幅个人的倒影，哪怕讲述的是一则历史传闻，你对故事素材的拣择、你讲述时的姿态和语调都会为传闻打上你的烙印。许多商业故事不吸引人，正是因为讲故事的人误以为商业不该带有个人色彩。如果你关心公司的人，关心他的成功、失败、成长，或者其他方面，那么这些都与你个人相关，你就该把它们展现出来。

那些鲜活的、经过渲染的故事能让员工身临其境，好像自己也参与了重大决策过程。你可以用一沓活动挂图来演示冲突所在和遇到的难题：告诉大家在讨论中发生的事情——长时间的停顿、反思、艰难的对话；向大家描述团队怎么订的披萨，又是怎么一直干到晚上十一点。

人们抵触领导层的决策，往往是因为他们不了解决策流程，也没看到更宏观的格局。如果你在讲故事时养成习惯，能三言两语将伙伴和同事带入那个时间点，让他们看到都有谁，在什么时间，用什么方式，在哪里做了重要的决策，你就能与他们建立信任。总有些事和情况是你无暇解释的，这时候信任就派上用场了。就算有一天你因时间紧迫，来不及向大家解释而直接发布了命令，你的团队也会推断你这次的决策和之前一样，都是经过深思熟虑的。他们的判断来自你讲过的那些故事。

为了帮助你们开始练习讲故事，本书第 5 章到第 10 章会提醒你避开误区，帮你记录学习进度，助你积累故事库，以备未来不时之需。本书归纳出了六类故事，每一类都会用一章详述，这样你就有充分的机会来实践和巩固讲好故事的原则以及沉着表达的方法。

本书各章也举了许多例子，教你从何处发现属于自己的故事。花点时间记下故事灵感，检验你的故事，记录自己的反思。这样到本书第二部分结束时，你就能养成一套思维习惯，可以轻松地发现新故事，将它们构思出来，并且当你想让别人对你的观点心服口服时，就能把它们讲出来。

一旦你形成了习惯，时时看到故事如何塑造看法，如何影响人们对事情的理解，如何改变人们的生活和商业世界，你就会发现自己竟有那么多机会可以去改变这些看法，改进人们对事情的理解，改善人们的生活和商业世界。

WHOEVER
TELLS
THE
BEST
STORY
WINS

第 3 章

学习讲故事

　　不同的故事会交织成一张看不见的网，它决定了谁会认真听你所讲，以及你传递的信息对他们意味着什么。想象你自己戴上了一副透视眼镜，你现在能观测到你和听众的所有故事，这些故事就像漫画里人物头顶上的对话气泡，一个个悬浮在你和听众的头顶上。请重点关注那些你们共同经历或听说过的故事，还有你们相互冲突的故事，因为听众会凭这些故事来理解你表达的意思。只要你能观测到这些故事，那么不用多说，你跟听众有共同经历的故事越多，你和他们交流起来就越顺畅。你可能会对自己的素材做些裁剪，来呼应某个听众经历过的故事；你也可以讲一个新故事来引导听众对现况重新解读，反正只要你将这些故事尽收眼底，就不会再忽略它们了。

　　你可曾有过这样的经历，自以为说得清清楚楚，可对方却把意思弄反了？这很可能是因为你忽略了某个影响你传达本意的关键故事。只要知道如何观测这些故事，想找到那些可能会扭曲你本意的故事就不是什么难事。讲故事的过程不只是"讲故事"，还有"找故事"。有时你得挑一个老故事放在某个大家都熟悉的情境中重新讲一遍，以此传递新信息；而有时你得讲一个新故事，这样大家才能用新眼光来看待一些熟悉的事情。故事貌似都隐藏在"网"里，直到你触到某个"结"，才能感受到它们的存在。

故事意识

　　文化差异可以用来说明为什么同样的故事会产生不同的效果。从某种层面看，所有文化都是故事汇总。在美国，我们的故事教导我们，只要会自我宣传，为了成为那只吃到虫的鸟儿而早起奋进，我们就能成功。然而在一个集体成功重于个体成功的文化环境中，当着一群人滔滔不绝讲述自己的个人成就，你这故事就讲错了。在日本，人们讲到成功的故事时会说不要做出头的钉子，因为锤子在等着你。在澳大利亚也一样，那里有关"高大罂粟花综合征"的故事就是在明明白白提醒大家：想高人一头，会被砍掉脑袋。

　　故事记录了一种文化对某些无解问题的最佳推断，如此人类才能活下来，安安稳稳生活。在工作中，谁做事？做什么事？何时做？在哪里做？如何界定事做得好不好？什么叫做成了？什么叫做砸了？对于所有这些，我们的看法必须统一，否则就不能顺利合作。故事将人的情绪与某些模式绑在一起，这样我们就不必每天早上一睁眼就纠结那些存在主义的问题，比如："个人重要还是集体重要？"我们只要顺着某种情绪去做感觉"对"的事，远离感觉"不对"的事就行了。在这些文化隐喻的熏陶下，来自不同文化的人对个人奋斗和集体奋斗达成了共识，平日里的潜在冲突也就减少了。

文化意识（cultural awareness）来自了解一种文化会用什么样的故事来阐释重大问题。故事意识（story awareness）则意味着认识到，即便在你自己的文化中，不同观点和不同寻常的个人经历都会掺杂正面或负面情绪，因而当类似事情再次发生时（或像是要发生时），我们的情绪会先发制人，让我们顺着故事的情节走，或是反其道而行之。

故事意识能帮你与思路、意见相左的人更好地沟通，他们中当然也包括你想去影响的人。你可以从某个现成的故事入手，让对方用自己熟知的情境去理解那些似乎陌生的东西，也可以用一种崭新的（陌生的）方式来帮他们理解似乎熟悉的东西。

大多数情况，你在讲故事时都可以通过营造一个自己喜欢的情境来诠释某个道理。在本书开头，我讲了一个鹦鹉的故事，以此将你的注意力吸引到一个人人皆知的故事上——"我们需要与人联结，如同我们需要食物一样"；随之我引入了一个新故事——"分享故事是与人联结的一种形式"；由此，你可能得出一个结论——"我们需要分享故事，如同我们需要食物一样"。也许有人会吐槽说"我才不想听一个人杀死了鸟什么的"，可这就是故事的本质，你不可能保证每个人都感兴趣。就算没有哪个故事能百分之百打动你想打动的人，讲个故事引导一下总好过任由人们陷于迷思。

讲故事还需要你施展能力去搜寻正在发生的故事。比如，你若想让自己的员工感到公平，那么不妨留意一下他们都用哪些故事来诠释公平或是不公平的行为。他们讲的故事里可能隐含着多劳多得的观点；也可能在说干活儿多算不了什么，谁拉来的客户最多，谁就应该得到最多，付出多少辛劳无所谓。那么同样，年景好，在有些人看来是天降大运，分享收成应该人人均等；但也可能与你共事的是一群争强好胜的人，他们传扬的是力争第一，谁打盹儿谁被淘汰的竞赛故事。对一个多元化组织解释一项新的薪资结构是要讲技巧的。我听说律师事务所通常有三种薪资结构：一种是过去使用的，一种是现行的，还有一种是将要采纳的。每一种薪资结构是否让人觉得公平，那要看你的故事怎么讲。如果你知道大家都喜欢哪些故事，那么你就从中挑一个最能诠释公平含义的故事，然后带着真情实感，活灵活现地把它讲出来。这样你先吸引了大家的注意力，再对他们的看法因势利导，也就转变了他们的看法。一旦知道了故事竟能如此带动情绪，你怎么可能听凭他人任意去解读它们呢？

你可以给人们创造一种体验，让他们讲个新故事。体验是最好的老师。大多数人看到一张意见箱的图片，要么翻白眼表示不屑，要么敷衍一声"哦，好吧"。如果管理层讲的故事忽视或者曲解了基层员工的意见，那么不管你费多少口舌说"我们想听你们的意见。谁讲得有创意，我们还有奖励"这种话，可能都是白搭。新故事若想与老故事较量，你得制造一种有冲击力的情绪体验才行，它得有滋有味，这样人们才会当成故事津津乐道。我曾听闻某高级经理给每位员工发两张"宽恕券"，用以赦免他们在尝试新想法时出的任何错误，而且还要求他们必须在年底前用完这两张券。但愿他的员工出错时可以体验一把，若"宽恕券"真管用，他们会跟人讲这个故事，证明那位高级经理的故事是真的。

讲故事打开了你用故事影响他人的"雷达"。在工作中，每一次误解都是探听故事和讲述故事的好机会。某些让你心灰意冷的行为一下变成了动力，驱使你去探寻形成这些行为背后的故事。这也算是好事，而且很有必要，因为它能让你不再那么沮丧，或者让你想办法用自己的故事去影响他们的故事。当你能够把矛盾搁置在一边，与人相商，共同创造出一个新故事，让所有人都产生一种同舟共济的感觉，你就提高了自己看问题的高度。此类事例应用数不胜数，让我们先从最基本的开始。

练习讲故事

你的目的是讲一个足以让人感同身受的故事，从而激起对方的某种情绪反应。讲故事部分是艺术，部分是实验。我真想也能给你发几张"宽恕券"，因为你讲的故事中，有一些产生不了自己想要的效果。或者你干脆发我几张"宽恕券"，因为讲故事这件事跟所有创新一样风险重重，而且成败难料。减少失败的第一法则就是遵守讲故事的原则，最长不要超过三分钟。这样，就算讲砸了也能马上打住，你也好修改和调整。

我从不认为一个不愿分享自己感受的人能够触动别人的感受。你讲故事的水平与你是否愿意表达个人见解有直接关系，而正是这些见解形成了你自己的情绪性推理。讲故事是述说者和倾听者的一段共舞，你要跟对方说："我先起步。"

要迈好第一步，得先去搜罗一些可以在"低危环境"中讲的好故事。知道自己要讲故事了与真正开讲，这之间还有一道鸿沟要跨越。跨过之后，我们才从假想变成动真格的讲故事。在讲个人故事时，你可以只讲自己，讲自己的故事，还有你对**制胜**的定义。

你可能注意到了，这本书并没有对"什么是制胜"大肆渲染。制胜可能意味着你竭力保障了某个建筑项目的顺利进行，也可能意味着它被叫停；制胜可能意味着你的公司业绩翻番，也可能意味着公司为实现员工权益目标而有意放弃了收益。什么是**胜利**？这个定义取决于你自己。弄清楚自己想实现的目标是什么，想去打动的人是谁，你就可以迈出第一步了。

提高讲故事水平的最佳办法只有练习。亲身感受过自己故事的魔力，你会无比满足，你根本无须提醒自己讲故事，因为它会成为你的习性。刚开始你难免会迟疑，因为你脑子里总想着"我这人不太会讲故事""这故事太长了""跟别人说自己的事显得不太专业"，还有"我还有正事儿要干呢"。这些都是想躲开不适、不确定性和风险的"逃生门"。我对"逃生门"再了解不过了，我是作家，我脑子里的"逃生门"有这几种："我的邮件查了吗""我去网上搜一下可能会找到吧""洗碗机我开了吗"，或者最糟的"冰箱里有什么好吃的呢"。有些时候，我们必须横下心来——"说干就干。"

去哪里搜罗故事

你可以上网搜索，也可以找些案例或时事要闻，这些都是不错的方法，可以帮你找到一些故事来为自己的观点做例证。然而，故事并不只是用来做例证的，制胜的故事能强烈地拨动听众的心弦。其关键点在于，只有找到并讲述那些你自己觉得有重要意义的故事才能引发听众的共鸣，也才能打动他们的心灵。你的情绪与个人经历同故事的联系会加深你表达的意思。当你把要表达的观点深深刻印在听众的脑子里，接下来他们的感受基本上就会顺着你对这个故事的解读思路走。

在职场中，有一个微妙却十分关键的差别常常被人忽视。有些人觉得在职场中讲个人故事不太妥当。确实有些事是非常个人化的，像那种让人听着难为情，或者让人听了禁不住大叫"太过分了！"的事就属于这类。不过，只要交谈时提到"人"（不特别强调男女性别），大多数个人故事都是可以讲的。

讲自己的故事有个好处，就是好记。毕竟事情发生时你都在场，人们若问起来，你都答得上。讲故事要紧的是吊人胃口，而一个好故事常常会带来很多疑问。假如你正在跟大家讲路易斯·郭士纳（Lou Gerstner）和 IBM 的事儿，如果有人问你一些细枝末节的问题，你怕是很难答出来，因为你不是郭士纳。不过这不妨碍你为了讲好这个故事，再去打听一些幕后的故事。

真实再现（authenticity-in-action）是指跟别人讲述自己的故事，或者讲述自己对别人故事的感受。讲自己经历的故事可以让你在传递信息、发挥影响的同时还赢得他人的信任。为了帮你尽快掌握讲故事的要领，我在此端出"四桶故事"，这些故事可以用来告诉大家：你是谁，你为何在此，你的愿景是什么，你想让人从中获得哪些教诲，你的价值观是什么，哪些东西让你与听众惺惺相惜。

1. **你的高光时刻**。这类故事与做正确的事有关。如果你想宣扬正直这种品行或者同情心这种价值观，抑或倡导某种学习风气，都可以讲述这类故事，告诉听众在人生的某个时刻你"自讨苦吃"去做了"正确"的事。来自四面八方的压力都让你做另一件事，可你还是做了"正确"的那件，事后证明这是最佳选择。在这件事中你经受住了考验，选择了正道。

2. **你的狼狈时刻**。这类故事是说有坏事发生，而错都在你。这类故事听起来不带劲儿，但比起那种精心编造出来的说什么最后一切都得到妥善解决的故事，坦陈错误可以让你更快获得听众的信任。能告诉大家你的失败和缺点，还有你尴尬的时刻，说明你充分信任自己的同事，宁愿先把自己交出去。信任之所以很难建立，就是因为双方都不愿先把自己交出去。只要你先把自己交出去，你们之间的"信任之球"就会滚动起来，对方多半也会对你报以信任。不用担心听众会觉得你是个失败者，成功者都有失败的故事。这类故事之所以奏效，是因为听众能从你讲故事的样子和语气中直接感受到你对自己违背原则这件事的态度。它还能展现你的品格，因为听众看到了你是如何努力从挫折中走出来并扭转失败的。

3. **一位良师。**第三类故事与你人生中某个关键人物，或是某个你素未谋面却对你影响至深的人有关。这时你其实是跟别人讲一段给你带来重要启迪的经历和故事，目的是与他们分享你宝贵的经验。如果有个人身上具备你珍视的品德和志向，不妨讲个故事来表达你对他的景仰和感激，这样你不仅宣扬了这些品德和志向，同时也向你的听众展现了谦逊和感恩这两种宝贵的品德。想拥有卓越领导力，这两种品德必不可少。谦逊和感恩也是正直人格的基础。讲述良师的故事还有一个好处，就是人们会认为你也具备这些品德、价值观和志向。你不能直截了当地跟人说"我很谦逊"，可你的故事可以体现你的这一品德。

4. **一本书、一部电影、一件时事。**书籍、电影、报纸和其他媒体资源中有无数的故事，可以用来充分表达你的观点，甚至有办法让这些故事带上你的个人色彩。从一本书、一部电影或一则时事要闻中找一个场景，以此展开来说明你想阐释的观点。最好挑一本畅销书或一部热映的电影，在这些作品中，作者和导演为了刺激人的感官，抓住人的注意力，已经倾注了大量心血，你拿来直接用就行了。如果想讲电影《独立日》（1996）的故事，你用不着渲染炸白宫的那些特效，所有这些导演罗纳德·艾默里奇（Roland Emmerich）早就替你全铺垫好了。你只要改变一下故事套路和风格（包括你第一次听说这故事的细节），或者讲一下这故事对你的意义所在，以及你为什么要讲它，这故事就成你自己的了。

并不是只有从上述几个地方才能搜罗到故事，但这可能是最简便的途径。让学者们去钻研情节类型和起承转合吧，你只要用故事来传达情绪体验就行了。在阅读本书时，每当你遇到这四种故事类型的案例，请记下那些跳入你脑海的念头。有多少就记多少。不用瞻前顾后，写下来并不意味着你就一定要把这故事当众讲出来。把内心的"编辑功能"关闭，跟从内在罗盘的指引，这样你就会思如泉涌，灵感不断闪现。胡编乱造只是因为你想掩饰真实的自我或者想要扮作他人。

上述四大类故事来源在任何情境中都好用。等你成了一名故事高手，你就会知道自己最喜欢的故事是哪种，到那时你会有一套自己的方法。这"四桶故事"只是帮你开个头而已。

接受反馈

如果有一群人跟你一起练习讲故事，或者你参加了某个培训班，你就有了现成的听众。如果你想自学成才，那么你就得去找个把听众，他们必须是那种能强忍着不对你的故事"说长道短"的人，乍一听，这好像显得你很脆弱，但你听我接着往下说。

讲故事更像是一门艺术，而非科学。创作故事的过程是由一股喷薄而发的神奇的创造力推进的，这股力量可形容为"有种天马行空的感觉""寻找你的灵感""进入心流状态"。创作力的勃发是一个微妙又非常主观的过程，就像你要驯服一只胆小的野生动物，声音大一点或冷不丁动一下就会吓跑它。你只有喂它一阵子，熟悉了它的习性，才能让它变得驯服一些。我有位作家朋友，他写作时要备好五支削尖的 2B 铅笔才行，若是他妻子将他写作时留在稿纸上的橡皮屑掸掉，他就再也写不下去了。创造力会眷顾那些能自在地沉浸于自己怪癖中的人。

受到批评可以让人变得更客观，但如果一上来就遭到批评，人们的主观创造力则会被扼杀。才华横溢的艺术家有时让人觉得行径古怪，那是因为他们知道自己的才思必须得到特别爱护，才会源源不断涌现。还有一个比喻可以帮我表达这个意思，即我们要像园丁照料一棵新栽的果树那样照料一个新故事，果树在不同时期需要不同的照料，一开始，这棵果树需要水和阳光，这会儿修枝为时尚早，因为不等它长大就修枝，树可能会死掉；如果总不让它见太阳，它也会死；水浇多了，树也会死。

讲故事也是这个道理。故事就像小树苗，最初需要的是水和阳光。过早批评一个故事会打击讲故事人的热情，还会损害故事的主题。在我看来，很多时候都是批评者自己想评头论足，与所批评的主题其实无关。如果你是个心很宽而且定力十足的人，讲的又是一个没有感情色彩的故事，那么你不妨听听人家怎么评论。但是，千万不要在故事还不够强有力的时候，就碍于面子听人批评，任由那些"你别搞得这么个人化"之类的鬼话来局限你。讲故事本来就是个人的事，你当然要把它搞得个人化一些，这就是我们讲故事的本来目的，正因如此，我们的组织联系和社会交际才重新有了"人味儿"。

"反馈"这个词在某些关系不睦的组织中已泛滥成灾，成为约定俗成的套话，比如"我得给你来点儿反馈"这种话，就让人强烈感到是在肆意发泄情绪。只要你吃的不是讲故事这碗饭，正业是其他工作，我就建议你去问问大家"哪里讲得好"。根据道格·李普曼（Doug Lipman）在《指导讲故事》[⊖]一书中提出的赞赏模型，求赞赏比求反馈更需要勇气。这么做并不是为了保护脆弱的自尊心，而是为了让你的故事的精彩部分继续朝着阳光生长，此时修剪枝条为时过早，负面反馈会把新故事扼杀在萌芽阶段，因为它将我们的注意力引向错的事，而不是对的事。

⊖ Doug Lipman, *The Storytelling Coach* (Atlanta: August House, 1995).

培养听众

为了检验故事的效果，你得为自己找一个或一群听众。对着镜子练或待在车里闷头苦练远远不够，故事是一种共同创作，起码得有一个听众跟你共鸣。没有听众，就不叫讲故事，而是叫表演或传道什么的。面对不同的听众，你每次讲故事的方式也要变化。

若没人现场听你讲，你就没法儿练习与听众互动。

第一次试讲，要找个"保险的"的人当听众。凡是日后你想放在某个"高危"环境里讲的故事，都要先找好友、伴侣或教练当听众，跟他们说好，第一次听你讲只能给正面反馈。第二次讲可以放在工作单位或真实生活场景中。但第一次必须要"保险"，因为前期这个故事还要继续加工，而且讲述技巧也有待提高。

不管你讲故事的技巧有多高，所有故事都可能因过早得到反馈和建议而扭曲。负面反馈有时会以"我能提个建议吗"这种形式出现。有一次，我就收到一个"建议"，于是下次再讲这个故事时，有一处细节我就没讲，结果故事一下变得索然无味，后来我把那处细节又加上了。由此我得出结论，那个提建议的人可能自认为那处细节有所指，以为在说他。反思过后，我认识到，我何不顺水推舟，就用这处细节来激发人们的自我审视呢？其实，我当时说的那句话是："纳斯尔丁[⊖]讲故事前从不打腹稿，他觉得自

⊖　纳斯尔丁·霍加（Nasrudin Hoca，1208—1284），是土耳其的传奇幽默大师、智者，伊斯兰教教义学家，阿凡提故事的原型人物。——译者注

己靠随性发挥就能打动人。"可没想到我的措辞让人感觉我是在批评"随性发挥",说它就像狂妄自大者的表演。对于这种反馈,我也认了。只要有人不再受那种漫无边际、信口开河的故事的折磨,我就没白说。当你对批评敞开大门,听到的多半是对方向你吐槽他们自己的不快,而不是对故事整体好坏的意见。相比之下,赞赏更能帮你找到故事的精彩所在,把其他部分略去。

讲好故事的秘密在于,要信心十足地保护好自己的前期创作过程不受自我批评和外部批评的干扰。

可以用以下句式来发现故事的精彩之处:

"你的故事告诉我,你是……"

"我喜欢你故事中讲的……"

"你的故事让我想起了……"

"我能看到你的故事在某种情况下(描述这种情况)能影响到……"

只寻求正面反馈,可能让人觉得是人为操控,但过段时间你会发现,你真的需要极大的勇气才能保护自己的创作过程不受干扰。在许多其他情况下,你也需要这种勇气,它能帮你捍卫某些事情的原则,使之不受侵犯。

WHOEVER
TELLS
THE
BEST
STORY
WINS

第4章

讲故事这点事儿

我辅导高管讲故事已有20年了，其间我发现我们大多数人所受的思维习惯训练都在教我们如何更理性、更有逻辑性、更科学地来做事情。很不巧，正是这三种思维习惯让你成了一个讲不好故事的人。成为故事高手的秘诀是要让自己有本事在事实思维和故事思维之间自由切换。

你过去接受的教导或如下所列：

1. 一个工具的价值取决于它能否每次都能带来同样可靠的结果（最好九成以上）。

2. 事实总是更准确一些，因而比逸闻趣事更有价值。

3. 解决方案与问题根源之间有直接联系和逻辑关系。

4. 结果与努力、投入成正比。

这些思维习惯可以让你不降低标准，不过多掺杂个人情感，不意气用事，也不必每次都浪费时间去重新设计流程。

然而，我们的目标是将大家带入一系列毫无预设的情绪状态中，让他们感到我们说的事对他们个人是有意义的，进而愿意花时间考虑我们的想法……既然如此，我们就不得不暂时撇弃自己偏爱的思维习惯。

降低自己的标准

我们总是想当然地在好作品和高标准之间画等号。如果你做的是一台无须与人交流的机器或系统，这种想法尚可称道。然而，讲故事的人（还有如今注重用户体验的产品设计师）发现，若想设计出让听众（用户）觉得好并且直击心底的故事（产品），必须经历许多次失败。本书第 16 章有更多与用户体验设计师有关的内容，它们将证明这点。不过此处，我敢说没有哪个故事是放在所有场合都百搭的。

我们所受的教育让我们总是想求证，想精益求精（零瑕疵），并且想利用线性分析来对选项进行比较和对照。这些思维习惯使我们不致受骗上当或被误导。但是，为了找到一个能打动人的故事，我们必须先把自己从求证的重负中解脱出来，因为还没有哪种可靠的手段能对情绪做衡量。想一想，如果你的伴侣说："你若真爱我，就证明给我看。"这时你会怎么做？给你的伴侣买辆车？让自己母亲别插手？还是不再给她买花而开始洗碗？答案是主观的，看情况而定。许多重要信息之所以不被人放在心上，是因为缺乏求证，人们便觉得它们主观性太强，所以就抛在了一边。而讲故事全靠基于主观的细节，这些细节传达了一些难以解释的直觉、信念或信仰。

在主观世界，没有什么能经得住求证，因为没有什么会一直是真的。严格说来，我们听到和看到的事都不一定真实。你去问一个婚姻美满的人："你爱你的伴侣吗？"若是在周五晚上刚吃过一顿浪漫晚餐之后，对方或许回答"爱"，而到了周六早上，当他/她因自己的"真爱"前一天用光了汽油又忘了给车加油而错过了高尔夫开球时间，这个婚姻美满的人心里可能就不是爱了，而是其他什么滋味儿。但凡问题牵扯到感情、价值观或态度，都要"看情况而定"。

在给讲故事工作坊的班级做指导时，我总是做出一副自认为很聪明的样子，有时难免过了头。我的确挺厉害的，我写过几本书，还被一些大人物请去给他们当参谋，帮他们做一些重大决策。那好，我来讲个故事吧，有一次我在夏威夷观赏到了瑰丽无比的落日，于是第二天我起了个大早，奔到前一天看日落的地方，期待能看到同样瑰丽的日出。可是直到阳光晒到后背，我才意识到太阳是在西边落下从东方升起的。我可以"证明"自己聪明，也可以"证明"自己蠢到了家，这得看我当时处在什么情境。要想让你的故事与人联结，就是要不时地把好事与坏事、聪明与犯傻、

慷慨与贪婪放在一起来讲。事实上，把自己弄得白璧无瑕的故事
并不怎么吸引人，不过这是后话，我稍后再讲。

但凡你能暂时接受人类情绪具有两面性这一事实，你就不会
将理性思维所要求的重复一致性准则用于讲故事中。天下岂能事
事皆尽如人意，故事也是如此。别总想着无懈可击了，新故事能
有七成效果就不错了，太多不可控的变数会影响到故事的效果。
如果非要控制这些变数，免不了要动用强制手段或人为进行操控。
运用某种技巧（比如充满自信的语调）在某种情况下可能会为故事
增色，却会在另一种情况下把你的听众推开。

没有哪个故事能完全如你所愿，打动所有你想打动的听众。
对于那些不懈追求完美的人，可以试试将自己的预期调整为：只
要你想影响的人中有七成左右被故事打动就可以了。脑子里想着
"七成"这个目标，我就能将自己的期望值降下来，不再追求那么
高的命中率，这样就能让自己有更多的尝试，讲更多故事，积累
更多实践经验。

别指望菜谱把你变成大厨

更愿意去冒险，就会有更多故事，你也就会有更多机遇。这
也意味着你对不甚完美的事也更包容。设想那些身价百万美元的
棒球手，即便安打率达到三分之一，还是意味着他们有三分之二
的失手率。一旦你降低对命中率的期待，你就不大可能因为一个
故事没讲好而从此就不再讲故事了。如同所有迭代测试一样，你

先讲一个故事，把效果记下来，然后决定是再讲一遍，还是讲下一个故事。

虽然好故事总有某些共同的元素，但将这些元素拼凑起来，不见得就能讲出一个精彩的故事。有人用"菜谱配方"的套路来讲故事，我时不时也这么干。我最喜欢的故事配方来自老派的故事高手唐纳德·戴维斯（Donald Davis），他说一个好故事由三部分组成：旧日寻常的样子、发生了什么事、现今寻常的样子。我从文学和剧本素材的范例中也受益良多，比如"故事八点画弧法则"[⊖]：静止状态、触发事件、追根溯源、意外发现、艰难抉择、推向高潮、惊天逆转、完美结局。但我发现像你我这样急于求成的人特别容易陷入错觉，以为我们找到一些合适的故事碎片，按适当的顺序排好，就能讲出很不错的故事。其实这事要复杂得多，我们必须酝酿出真情实感，使故事在我们的想象中复活，先打动自己，然后打动别人。

个人经历的感觉比事实更真切

我们一直被教导要用心去发现逸闻趣事，这恰恰证明了具体的、可感知的、第一手的如同故事般的经历所具有的威力。逸闻趣事提供的信息，我们能看到、听到、尝到、摸到、嗅到，这些都是最基本的判断标准，我们的身体会以此判定是回避还是捕获这些信息。事实敌不过情感，我们若不相信某个事实，就会认为

⊖ Nigel Watts, *Writing a Novel* (London: Hodder Education, 2006).

它不重要。一段令人不快的经历或是一个令人生疑的细节，都足以引发不信任感。当你意识到经历和情绪远胜于抽象的统计数据时，你就知道自己真应该讲个故事才对。

这种更宽泛的对故事的定义鼓励你把网撒得更大，并且去尝试讲述各种经历，这些经历或许并不适合某一个配方，与故事主题也没有直接关联，却能让你的讲述、面谈或电话交流更有深度，也更能引发情绪共鸣。微软网站有一张介绍公司某项目经理的照片，照片上，这位经理正沉浸在自己的业余爱好中，他置身于一圈葡萄酒桶中间，举着酒杯正在细品慢酌。葡萄酒与项目经理有何干系？一来这使他成了一个真实的、有多个侧面的人，同时也传达出他的高级感、耐心和鉴赏力。一张图片或故事将微软员工塑造成了一个有业余爱好的活生生的人，这足以说明为什么人们乐于分享这类有故事性的细节。然而，这还算不上一个事件，这个"故事"本身也没有真正的高潮，所以你可能会因为"这算不上故事"而看不上这个创意。我只是希望你珍视自己的实际经历，这比任何配方都可贵。

我们渴望与大自然和他人联结。当跟人谈论天气，或问别人"这次旅行玩得怎样"时，便意味着我们把"根"扎在了这个客观世界中。下次有人问到你的旅行时，你不妨做个实验，告诉他一些你特别的经历，比如你和别人的一段对话，你的一个观察，甚至对食物的一段简短描述，然后看看这一切如何让你们的交流变得生动起来。一旦我们的想象被激发，我们说的话就会让人觉得耳目一新。若你反应够快，甚至可以挑一则逸闻趣事来煽煽情，这会大大促进你们的互动。

　　用技巧套路来处理那些没有自我思维的事物很有效。然而人类是有自己思想的，而且想法很多，想依赖一本通行的操作手册或蓝本与人沟通，不但不会奏效，反而会降低效果。开启你的雷达去搜寻那些带有强烈情绪色彩和标新立异的模式，这比套用一个标准化的模板有用多了。

　　你可以训练大脑"用故事思考"，不过首先你要让大脑从使用图表、指标和表格的思维中脱离出来。这类用以归纳总结的工具正是阻碍你用故事思考的罪魁祸首。故事是对真实经历的"预先简化""预先总结"和"预先归纳"。之所以能够借用想象思维，是因为经历本身就与现实生活类似，都可以用多重语义加以解读。故事并不排斥人们的主观解读，反而会邀请听者参与进来确定一个故事到底讲的是什么。故事让人们自由地得出自己的结论。有人会排斥你预先简化的结论，但当你引导他们看到你所看到的，他们就可能与你达成一致见解。

　　试图操控人们解读事情的方式，会让对方产生戒备，将他们推离你的观点。相比之下，故事则会邀请人们进入你的视角，让他们自行得出结论。故事更易让人相信，也更可信。

绝妙的故事可能看起来毫不相干

　　对等原则（reciprocity）堪称最可靠的预测人类行为的一项指标。我们会惩罚那些在我们看来不劳而获的人，并且鼓励来自陌生人的对等行为，哪怕我们会因此承担非理性的风险（比如不一定得到回报），我们也会这么做。这种非理性风险（经济学说法）被称作"信任他人"。讲故事时揭自己的短是一种信任对方的行为，这种行为想从对方那里交换的也是来自对方的同样信任。一场令两个大男人陷入僵局、剑拔弩张的劳资纠纷，会因他们分享彼此的故事而缓和，他们在故事里都讲了自己身为人父的意义以及想传承给孩子的价值观。在那种特定的情形下，这种不顾一切全盘托出的故事增加了双方的信任感，从而成功阻止了一场罢工。

最近，我在全美排名靠前的两所军事学院讲"如何讲故事"的课。因为文化差异以及互联网的推波助澜，如今人们对什么是正确的事以及如何做正确的事难有共识，观点更趋四分五裂，因此讲故事就成了促成统一行动必不可少的开路先锋。军队用故事演示训练内容，加强领导力，甚至用故事提醒士兵提防性侵行为对受害人和整个部队造成的情感伤害。虽然我遭到了少数几位历史学者的抨击，因为他们特别讨厌"主观"这个词，但几乎每个有实战经历的士兵都凭直觉领悟到故事对于提振士气、促进沟通、统一行动所起的作用。

我们正在摆脱"无法衡量就无法管理"的魔咒，开始学习通过自己所讲的故事来对付那些无法衡量的事物。坊间疯传爱因斯坦说过的一句很流行的话——"能计算出来的未必都有价值，有价值的未必都能计算出来。"当你坚信故事是一种众望所归的沟通方式，你就会扩展自己对可衡量度的定义，不再认为只有可控制、可计算的才是可衡量的。比如，我们在定期回顾公司价值观时，如果依据的标准是反映这些价值观真正被践行的故事数目，那么若是在公司里缺少这类故事的发生，就说明价值观没有体现在实际行动中。

如果我们本着良好愿望只是被动地大量收集可供衡量的数据，对它们加以分析，然后写报告，那么我们常常会偏离自己原本的责任——去创作能够吸引、激发和建立信任与尊重的经历故事。有时你应该讲的故事与你看到的问题可能毫不相干。很有可能你已经用追根溯源分析法完满地解决了问题。当库存激增、错误频现、生产率滑坡时，人的第一反应就是找根源。我们会追溯数据源，找到问题起始点，探寻起因，然后着手解决。但是，如果问题是由感知和主观引起的，甚至充满情绪因素，用追根溯源分析法实际上会错上加错。

在电影《拯救大兵瑞恩》（1998 年）中，三名士兵相互对峙，他们用枪一个指着另一个的脑袋，场面陷入僵局。这时，那位一直对自己身世讳莫如深的二等兵指挥官坦言，自己在参战前曾是名教师。他的坦白打破了死咒，大家放下枪，转而听他讲自己的故事。本书第 6 章中"你的高光时刻"标题下有个故事，讲的是大家因为公司继续削减预算而义愤填膺，这时一个故事（其实是一首诗）扭转了局面，故事唤起了管理层的道德责任感，他们开始关心那些为了保证公司现有预算能正常运营已经牺牲了自我利益的员工。

士气并不能靠解决问题来提振。工作中的问题总是层出不穷。当人们清楚地感受到因为自己的参与而把那些顽固问题从挡路的大山缩小到可翻越的小土堆时，士气自然会提升。沉疴宿疾不会消失，但员工过于消极的看法可以消除。在主观能动的世界，问题的解决方法常常与问题本身无关。

想一下成瘾行为，酗酒的根本原因是过度摄入酒精。所以从理性的角度说，要想戒除酒瘾，只要不过度饮酒即可。然而，这种理性方法的成功率极低。而"匿名酒鬼会"（Alcoholics Anonymous）提供的是一种群体体验，呼唤"更高力量"来帮助酗酒者。这种聚会差不多都是在分享戒酒成功的故事，最后大家形成统一的观点，即会有一种更强大的力量来积极推动自己每天进步。

约翰·肯尼迪（John F. Kennedy）曾在 1961 年讲过一个有关愿景的故事，他说美国宇航员很快将登上月球并顺利返回地球。由此，他将国民的关注点从社会动荡和"猪湾事件"⊖转移到了太空计划。有时，故事的确会被用来转移对错误行为的调查视线，但这抹不去一个事实，即一个精彩的愿景故事能借助人们对更好生活的期许来减少他们对负面故事的关注。

非线性动态关系

一般来说，我们总是期待因果之间是线性关系，一加一总能等于二。然而，大脑的神经网络却是非线性的，情感也是非线性

⊖　猪湾事件（Bay of Pigs Invasion）是 1961 年 4 月 17 日逃亡在美国的古巴人在古巴西南海岸猪湾向古巴革命政府发动的一次进攻。这次未成功的进攻令刚刚上任 90 天的约翰·肯尼迪政府大失信誉。——译者注

的。轻轻一瞥可能激起千重浪，待在一起开一整天会也可能毫无涟漪。看了30张PPT，并不等于接收到了30条信息。故事高手都特别留意那些能引发情感波澜的细枝末节，他们也会随手删去那些虽然重要但可能相抵触的话题，以此突出自己想要的情绪效果。为了某个故事删去几页PPT，这似乎显得不太明智，但最后效果往往会让你觉得这么做很值。

在充满个人看法的主观世界，小细节可能带来截然不同的效果。想象一下，你花了三个钟头耐心为员工讲解一套即将上线的IT系统，他们听得全神贯注。然后你刚走开，便瞥见有两个家伙一边翻白眼，一边用手一张一合学鸭子"嘎嘎"叫。比较一下，他们三个钟头专心致志听讲和这临别时一瞬发生的事，哪个令你更受触动？这就是一个非线性例子——小即大，大也是小。假设你的孩子危在旦夕，而你的年假和病假都用完了，这时即使丢掉工作你也会在所不惜，因为照顾孩子最重要。但是，对于一个没病没灾的家庭来说，失业则意味着灾难。这就是主观感受。

通过练习，你可以既利用线性分析法，也利用主观的、非线性的故事法来做出更优决策。比如，一个老板有4名员工，现在要将8小时的加班任务分配出去，他该怎么做？

线性思维的方案可能是将8小时加班任务平均分给4个员工，每人干2小时。而非线性方案则会将最新听到的一些故事考虑其中，像约翰的孩子周末刚好过生日，比利正疯狂攒钱要买摩托车，等等。然后你就跟大家商议，最后决定把8小时的加班任务都给比利。虽然前后两种决策方法都无懈可击，但最后的决定却截然不同。在这个例子中，因人而异的主观方案更稳妥一些，因为它顾及了员工的感受。当然，如果你从没花过时间听大家的故事，就根本不会知道还可以这样分配任务。

做汇报演讲时，你可以自己讲故事，也可以让听众讲故事，大家围绕某个主题表达出自己的情绪，可以避免产生你不想要的负面效果。对于数字、柱状图、表格，你不妨戴上客观思维的帽子，但是在搜罗故事和讲故事时就应该甩掉它，换上主观思维的帽子。

线性思维的人遇到情绪化反应时常会有一种遭突袭的感觉。他们没有针对非理性和冲动反应的预警系统。这种思维类型的人认为只要事实是对的就行了，而实际上，事实并不比人的情绪更有力量。感觉会改变事实，至少会改变人们对事实的看法。如果人们感到抓狂、伤心、恐惧，他们会诋毁事实，并且攻击信息源的可信度。相反，如果人们充满热情，受到珍视和鼓舞，他们就会对你说的深信不疑，甚至罔顾事实。你见过人们因为过于兴奋而夸大事实的例子吧？"我们省了 300 万呢！"而事实是省了 30 万。就是这么回事儿，感觉会让人们放大或缩小实际数据。

只有对的事实，还不足以引发行动，还要有认知和感觉。如果没有故事来阐释数字的意义，就算是大数据也无用武之地。如果人是电脑的话，我们的数据也许都能被预测出来，而我们只不过是记录下关联式的计算结果而已。然而，请切记人类绝不会依照某种可靠的因果算法公式去活动。不管收集了多少数据，我们总需要故事来理解和影响人类隐秘的欲望和恐惧。

WHOEVER
TELLS
THE
BEST
STORY
WINS

第二部分

寻找故事

WHOEVER
TELLS
THE
BEST
STORY
WINS

第5章

『我是谁』的故事

你要讲的最重要的故事是"我是谁"的故事。

你的一生就是这个故事的加长版。你去过的地方、做过的事、未完成的事、想做的事、要做的事、想成为的人、不想成为的人，这些都是你的故事。你能多大程度上影响他人，与人家对你是什么样的人的了解及相信程度有直接关系。

这也叫"亲近度"（intimacy），你可以用"我是谁"的系列故事去建立亲近关系，也就是说，跟人家说些你自己的事，以此让人信任你。没人会相信一个自己不认识的人。若是你表现得太过专业又讳莫如深，让人没法真正了解你，那么想赢得他人的信任将难上加难。《纽约时报》和哥伦比亚广播公司做过一项联合调查，调查中问道："在一般人中，你觉得有多少值得信任？"结果平均下来，受访者认为一般人中大概有 30% 值得信任。问卷又问道："在你认识的人中，你觉得有多少值得信任?"你们猜答案是多少? 70%。这些观点不可能像数据表达得那么精准,而且调查结果也进一步证明:信任是一种非理性和非线性的动态关系。如果我觉得跟你有交情,那么我就会加倍信任你。如果我跟你不熟,我对你的信任或许就只有三成。是亲近度在你和听众之间架起了一座桥梁,这样你的信息才会传递给他们。

通常,我们要去影响的人并不十分了解我们,所以也不可能信任我们。讲述一个"我是谁"的故事就像增加了你和听众之间的带宽,能加大听众接收的信息量。

人们大多不愿意信任他人,这也情有可原。淡淡的君子之交能让生活更轻松一些。我们的原始祖先凡事都会先朝最坏的地方打算,这是一种求生机制,今天的我们依然如此。没事儿我们总喜欢脑补一些警醒自己的小故事。设想一下,如果上司对你说:"五分钟之内来我办公室一趟。"这时,你的脑海里浮现的是一个好故事还是一个坏故事? 你是在想"嘿,肯定要给我升职啦",还是会顺着"哦,可别又出什么事儿了"的思路来编故事呢?

你看,人们会无意识地编造故事,在故事中把自己塑造成野心勃勃、贪婪、没见识、愚蠢的人,不管塑造成什么吧,都能证明他们什么也不听就下了结论。所以必须要听,用心地听,这样才会迫使我们质疑自己的成见,改变看法,不然可能就掺杂胡思乱想和私心杂念。

你的任务是从那个预想最坏的故事里冲出来,这样人们就能透过表面现象,更深入地了解你到底是什么样的人。你得好好讲一个自己的故事来赢得对方的信任。构思"我是谁"的故事，第一步要先回答下列问题：你是谁？你有什么特别之处？你凭什么有影响力？人人都有天分，你的天分有哪些？富有同情心、靠谱、忠诚、圆融，这四种特质你具备几种？（通常一个人不会同时具有这四种特质）还有，你有什么内在的东西让你可以影响他人？

练习：你是谁

你有哪些特质？列出你"能够影响他人的"特质（例如可信、热情、负责、有创意、富有同情心、忠诚、圆融）。听众想让你证明你有这些特质，你就用个人经历证明给他们看。信任与否，从来都是一项个人的主观决定。

将这些特质列出来，便可开始搜罗能够具体展示这些特质的故事了。给你的听众一个感同身受的实例，使他们能通过个人经验来判断你是值得信任的。

在第 3 章中，我提过"四桶故事"，以下例子是关于"我是谁"的故事。请你在读每个故事的时候，花几分钟构思你自己要讲的故事。

你的高光时刻

每当我看到讲故事能让人变得更有活力，过得更好，还能捕捉到一些他们以前从来看不到的机会，我就来了劲头儿。

我做过很多无报酬的事，其中有一件是我和朋友设计了一套叫作"照片故事"（Photo Story）的方法。这是我们跟凯洛琳·王（Caroline Wang）的"照片之声"（photo-voice）学的。这种讲故事的方式起源于王，她将一些一次性相机送给贫困妇女，这样她们就算不会讲英语也能表达自己的需求。结果证明，这一方式比某个简单的需求分析工具要强大得多。这些照片流传开来，它们用非常个人化的视角来讲述这些妇女自己的故事。我们对王的思路做了改进，把讲故事加入其中，并在美国休斯敦（Houston）一个社区开展了行为研究，这个社区极其贫穷，治安也很糟糕，连送比萨外卖的都不愿去。

我们让大家用相机讲述自己的故事，然后在一个小组里分享。参与者说，用故事方式讲述自己身处的环境，敦促他们行动起来，改善自己的生活。他们说这打开了他们的眼界，而且使他们进入一种境界，觉得自己得做点什么。

这个做法也让一位女性"睁开了眼睛"，前后判若两人。以前她开会时总打瞌睡，因为她的脊柱曾接受过一次糟糕的癌症治疗，给她的身体留下剧痛，为此她的体内装了吗啡泵。那时的她一副自暴自弃的样子，但是过了三年我再见到她，她体内的吗啡泵已经取掉，整个人也精神多了。她与一些服务机构取得了联系，去提醒那些玩忽职守的人，她还得到一台电脑，启动了一个社区健康项目。

想一下，你有过"引颈待戮"的时刻吗？有过孤注一掷的时刻吗？如果有，这种经历讲出来，都是特别棒的"我是谁"的故事。

你的狼狈时刻

我刚开始干咨询那会儿，遇到一个大客户。当时我的一些想法都还在测试阶段，但我又不想让人觉得我是新手。我就跟你们直说吧，我在电话机上设置了一条自动应答，说"我们正忙，无法接听电话"，搞得好像我有一堆员工似的。其实我那会儿正在家里做事，所谓的"我们"也只是指我和我那条叫"拉里"的狗，就算它长出手指能拿起电话，它也不会应答啊。

回过头再说那位客户。我有一套用过很多次的流程，我把此办法兜售给客户的服务部副总马克。他问我这个流程能不能70个人同时用，我看着他的眼睛坚定地说："当然能。"我没跟他讲明我以前用这个流程时从未超过20个人。其实这个流程就是收集整理客户意见用的，一点都不难，然后将这些客户意见一字不落地分发给团队去做分析。我知道比起请某个调查公司给出分析概要和建议，他们更看重自己做出的结论。但如何让70个人做出一致的解读？我用上了一些辅助手段，让参与者截取最重要的意见，汇集起来用即时贴粘在墙上，这样既一目了然，同时也能看到那些屡被提及的问题。我还用不同颜色的荧光笔来表示不同事情。我以为自己做得很周全了。

谁知进行到一半时，我巡视了一遍，发现有个小组把所有荧光笔都拿走了，还把这些笔摆起来，搭了个塔。纸扔得到处都是，乱七八糟的。这时马克走过来，站在我身旁，他踮了踮脚尖，然后放下，问我：

"你之前从没这么干过，对吧？"

我说："没有。"

他点点头说："我猜也是。"

接着他笑了，递给我一瓶水，说："我想你或许渴了。"然后转过身，走开了。愿神保佑他，我会一直铭记他的宽宏大量。整个流程并非一无是处，我们的确让大家在行动时变得更团结了。但我说什么也不想再来第二次了。我像《飘》里的斯嘉丽·奥哈拉（Scarlet O'Hara）悄悄挥了挥拳头说："愿上帝帮助我，不再逞能答应做自己做不到的事。"这样对谁都好。

想想自己把事情搞砸的时刻，或是失态的时刻。与我们想的恰好相反，当大家看到你述说因违背自我原则而痛心疾首时的样子，他们会更愿相信你对某种品质的珍视。

一位良师

这个故事的主角是一位与我素未谋面的良师。他叫安塔纳斯·莫库斯（Antanas Mockus），是哥伦比亚首都波哥大（Bogotá）的前任市长。我有位哥伦比亚的朋友对我说，他们波哥大的交通很成问题。那里只有富人才有车，而这些人对交通规则视而不见，他们闯红灯或挤占人行横道，让许多人为此送命。

现在想想要是换成你我，我们会怎么解决这个问题？加强执法？加重惩罚？这可不是安塔纳斯·莫库斯的做派。他聘用了一些哑剧演员——这可不是我编的。他聘这些哑剧演员来监控人行横道和其他事故多发地段，提醒人们注意每个违反交规的司机。他们晃动手指，示意停车，还叫行人过来帮着一起教育司机遵守交规。结果你猜怎么着？车祸导致的行人死亡率降低了一半多。

去波哥大看过后，我把自己登在杂志上的一篇文章用电子邮件发给一个叫胡安·尤利伯（Juan Uribe）的人，他曾在市政府干过。他回复我说："你在故事里说是哑剧演员教育驾驶者遵守交规，其实不是，哑剧演员是在教育行人，这是他们应有的权利。"

是啊，这可太不一样了。这正是我在这世上想做的事。

是谁教你认识了这世上最重要的事？可能是父母、祖父母；也可能是某位老师、童子军队长、以前的老板。你在讲故事时，若能绘声绘色地描述出你导师亲切的样子，让人觉得他的一举一动都影响着你，那么你在把故事主人公呈现给大家的同时，也等于表现了你自己。

一本书、一部电影、一件时事

我刚开发讲故事的培训课程时,选用了 1997 年上映的电影《勇者无惧》(*Amistad*)的片段。我们许多人在人生的某个时段都曾遭遇过严重的不公,让我们觉得自己要前功尽弃了。对我来说,这部电影就是一个把不可能变为可能的好例子。

在《勇者无惧》中,44 名来自西非的黑人被掳离开家园,他们戴着锁链,忍饥挨饿,遭受毒打,最后奋起反抗,控制了劫持者的船。但是,他们在返回家园时却被带到了美国,被拘押起来。你能想象做他们的律师的感受吗?在一个蓄奴合法的国家替一群黑人男女讨公道,这可是一个连讨论奴隶制都可能引发内战的地方。而当时[⊖],马丁·范布伦(Martin Van Buren)总统正在竞选连任,他可不希望引起内战。想象一下,你要在由 12 名白人组成的陪审团面前为 44 位黑人男女做辩护,他们可是一句英语也不会说。这就是我说的努力把不可能变为可能的例子。

最终他们赢了。怎么赢的?影片中,曾任美国总统的约翰·昆西·亚当斯[⊜](John Quincy Adams)性情有些暴

⊖　1840 年。——译者注

⊜　这位美国总统是最早最坚定的废奴主义者,他父亲也是美国总统(第二任)。《勇者无惧》中的案件是美国法院体系(地方、联邦、海事、国际、民事、财产、人权和最高法院等)的经典案例。影片中亚当斯在最高法院庭审时担任这群黑人的主辩护律师,两天 8 小时的激烈申辩演讲为黑人最后获得自由奠定了基础。这个案例也为后来美国的国内战争,为废除黑奴制度而战铺垫了民众情绪。本书作者选用亚当斯总统的这句名言作为英文版的书名,可见对他的敬重。——译者注

躁，起初他没有直接宣称提供帮助，但是他提示一位信心不足的废奴者道："我发现，在法庭上，谁最会讲故事，谁就能赢。"于是他们找来一名翻译帮忙，聆听黑人们的亲口陈述，了解事情经过，然后把黑人的故事再讲给大家听。他们讲得实在太精彩了，硬是维护了四个已经被推翻的陪审团裁决，而且居然说动了一位精心安插进来的法官判决这些黑人无罪。那位法官哪怕知道这么做会断送他自己的职业生涯，也在所不惜。黑人们的故事饱含情感的力量，谁听了都无法无视他们应得的权利。

想一想你最喜欢的那些电影，我敢打赌，如果挑出一部重温一遍，你就会发现那些打动你的场景里藏着试金石，它们测试的正是你自己珍视的品质。电影中的某个角色可能闪闪发光，也可能狼狈不堪；发生的事情可能表现的是丧失某种品质的后果。然而这些场景之所以会留存于你的脑海，自有其留存的理由。

WHOEVER
TELLS
THE
BEST
STORY
WINS

第 6 章

『我为何在此』
的故事

在我组织的一个工作坊中，有位学员讲了这样一个故事，他说自己曾动过想骗骗某个警察捉弄一下他的念头。他用了那句吓人的短语（警察常说的）为自己的故事开场："先生，您知道自己时速多少吗？"接着他讲到自己从后视镜中看着四岁女儿的眼睛，而就在此前几分钟，他刚刚宽慰孩子妈妈说："别怕，我只比限速超了 10 英里而已。"

他本来想对警察说"不知道"，可望着女儿，他忍住了说谎的冲动。这故事给我留下的印象是，哪怕这位父亲再想说谎，可到头来他还是个说实话的人。他想做一个好父亲的愿望加深了我对他的好感，而且小组其他人也这么看。谁都有憋不住要撒谎的节骨眼儿，有的人自我意识较强又老实本分，会当众承认自己有这个冲动，这种人比那种隐瞒自己错误冲动的更值得信任。这位父亲的故事正好回答了我想问的问题——"你为何在此？"他对我说："我在此是为了做该做的事，哪怕有时我并不情愿。"听到这话，我已经等不及要听他分享自己的观点了。

告诉他人"你从中得到什么"

这位父亲回答的问题是所有听你故事的人都想问的——"你从中能得到什么？"是的，你我在市场营销和销售入门课上都学过，面对听众首先要回答他们的就是——"我从中能得到什么？"而且人们的确需要知道他们从中能得到什么。不过，我注意到（或许你也注意到了）如果对方不清楚你能从中得到什么，他们就不会静下心来听你说他们能从中得到什么。

谁都不想被糊弄。多数人认为如果你搭上时间、精力、钱财叫他们做某件事，你肯定想要从中得到些什么。人的内心有杆秤，会掂量你从这桩交易中得到多少，他们又得到多少。他们并不介意你通过"兜售"点子或产品来赚钱。若你在交易中不图钱，也不图个人利益，而事实证明真是如此，那么他们也会相信你这是无私主义的表现。

就算人们知道他们想要的十拿九稳能得到，他们还是会紧盯着这桩交易，看有没有迹象证明你用了什么伎俩占了他们便宜。只要从某桩交易中嗅到一丝被利用的气息，他们即便亏了都不会再跟你玩下去。

实验经济学中的模拟实验，如投资模拟游戏和公益模拟游戏向我们揭示了公平和对等往往比相互利用更有效。如果你给出去一样东西让对方觉得你另有所图,人们宁愿不要,甚至可能自己掏钱来惩罚"占便宜"的人,谁都不喜欢利用别人的人。

安然公司(Enron)、伯纳德·麦道夫(Bernie Madoff)、美国国家金融服务公司(Countrywide)、华尔街偷偷摸摸做假账的故事,让人们愈发想要看到你能证明自己的经营是诚信且透明的。现在就看你的了,如果想让听众响应你的召唤,有所行动,就请分享一个有关自己赢利的正面故事。

有人做产品是为了赚钱,而有人只是出于对产品的热爱,相比之下,大家都更乐意买后者的东西。人们很自然地认为,我们卖东西,明里暗里总是要自己赚一点的,买的总不如卖的精。这再正常不过了,他们不想要也不需要每天再给自己增添额外的烦心事,总要去考虑到底是作为买方受益更多,还是作为卖方受益更多。戒心是防止受骗上当的好防线。

只有对方强烈感受到你的热心,笼罩在你话语上的疑云才会散去,你传达的信息他们才信。讲述某个昔日客户的成功故事,而对自己做的贡献三缄其口,或者讲述你看到客户找到一个新创意而欣喜不已的故事,都能证明你的热心。人们在津津有味听故事的时候,是不会疑心重重的。

以下是有关"我为何在此"的"四桶故事"的例子。你在读每个故事时,花几分钟记下你所要讲的故事的构思。检视你"为何"要那么做,然后开始搜寻故事,说明你从所做的事情中获得的益处。

练习：你为何在此

想想最近一次你出色完成工作后听人说"谢谢你"的情景，找出一些故事，让听众明白你出现在那个场景中是正当其时。如果你能顺着时间脉络列出自己最值得骄傲的某些瞬间，你就会找到一个很不错的"我为何在此"的故事。

你的高光时刻

五角大楼有个军事决策小组，曾聘我帮他们推进一个预算会议进程。过去三年，他们每年都会削减 15% 的预算。每次削减预算后召开年度预算会议时，这帮人总是怀揣着行动计划和良好愿望，希望能有所创新，想着如果确有必要，就按照预算削减的比例也减少一些服务。然而三年下来，会议上形成的决议要么被推翻，要么被忽视，要么因为某些重大事件被搁置。资源越来越少，而这个小组并没有动真格地削减过哪些服务加以应对，仍然硬撑着，像三年前那样用日益缩减的资源提供全套服务。他们承受的压力之大令每个人都倍感沮丧，有人干脆发起火来。大家开始在邮件中相互指责，整个小组都在等着当面较量。到头来，预算会议被当作了战场，大家相互猜疑，相互嘲讽，剑拔弩张。

面对这种情形，我用诗歌改变了他们对自己"为何在此（为了预算争吵）"的看法，也改变了他们对我"为何在此（调停这场'血战'）"的看法。我当时是这样开场的：
"谈数字之前，我们得先来谈谈心。"这话我一语带过，生怕他们把我轰出去，"我想先把诸位带到刚打完一场胜仗的情绪中，之后咱们再感受另一种情绪，第二种情绪可以帮你们做出合理分配资源的好决策。"

我说："让我们先来感受打了胜仗的情绪，我来给大家朗诵莎士比亚《亨利五世》里的一段话。"

再向缺口冲一次吧，亲爱的朋友，再冲一次。

冲不进，就拿咱们英国人的尸体去堵住这座城墙。

在太平日子里，做一个大丈夫，

首先得讲斯文，讲谦逊。

可一旦咱们的耳边响起战号的召唤，

咱们就得学那猛虎，

肌腱绷紧，血脉偾张，

用满脸杀气遮盖我们本性的善良。

（《亨利五世》，第三幕，第一场：1—8 ）

我刚朗诵完，这帮人就开始动弹起来，摆出健美运动员的架势，学影星蒂姆·艾伦（Tim Allen）发出"吼吼吼"的低吟声。我说："这是你们抱成一团，速战速决打胜仗的样子。这种情绪能激发某些特定的军事动作，比如奇袭、掩护、隐蔽。但我们在此不是为了打仗，我们在此是为了做出清醒冷静的预算决策。”

"接下来这首诗描述的情绪有助于我们做出明智而深思熟虑的决策，这种情绪激发出的是另一种完全不同的行为。"

然后我给他们读了比利·罗斯（Billy Rose）的《无名战士》[⊖]。

我是个无名战士，
灵魂之声响起，
我觉得自己有权利，
坦率地问问你：

我的战友是否有人照料？
他们对胜利真的甘之如饴？
你颁发的巨大嘉奖难道就是在路边卖铅笔？

他们真赢得了自由？
赢得了他们为之战斗的目标？
你是否仍对十字勋章满怀敬意，
当它佩戴在空荡荡的袖管之上？

⊖　Billy Rose, " The Unknown Soldier," *The Best Loved Poems of the American People*. Ed. Hazel Felleman (Garden City, New York: Doubleday, 1936), pp. 428–429.

我问他们:"你们感受到这两首诗的差别了吗?"

全场静得掉根针都能听见。

"想象有个你认识的人死在了战场上,想象一下他的面孔,如果坟墓里的他现在能开口说话,他想请你记住什么?他想叫你忘记什么?"

这两首诗歌改变了屋子里的气氛,将故事的场景从一个小画面拉到更宽广的视野,大家不再为金钱而战,而是以这次预算会议为契机来报答那些为国捐躯的儿女。于是,沮丧化作勇气,愤怒化作决心,傲慢化作谦逊,大家在对话和做决策时更同心协力,也更有理有据。通过朗诵这几段诗歌,我让大家看到(推断出)我对战士们所做的牺牲心怀感激,我对他们的沮丧情绪也感同身受。我是来推进会议进程的,但我为感激和同情所动,而没有自傲感和控制欲,也不像有些会议引导者那样,只当裁判而不参与协调。我让大家看到我相信他们能自己判断是非,与此同时,我也重新定义了自己的角色。

我们对"以正当理由做正当的事"都有一些自己的观点。回想一下,你曾有哪次觉得自己是出于正当理由做了正当的事,或是理由正当,却做了"错事"。

生活是复杂的,人们之所以不常讲述这类故事,是因为对道德准则的讨论充满风险,可能会与听众的个人观点相左。谈论道德似乎显得很老套,然而谁也不想跟毫无道德底线的人合作,所以你要讲个故事道明来意，确凿地表明你是个有道德标准的人，哪怕这些标准与对方不完全一致，你们之间也能建立互信。世界每天都在变，正因如此，人们渴望得到某种"理由"来证明你不会利用无法预测的歧义和不可预知的事件来占他们便宜。你不用为是非难辨而灰心丧气，你只要讲个故事，说明你一直拼尽全力做正当的事，避开错误的事，你的听众就会对你不再那么戒备了。

一般说来，在讲述"我为何在此"的故事时，可以适当渲染你当时的处境有多难多惊险，如此你的故事会给人留下更多悬念，因而也会给人留下更深记忆。剧作家罗伯特·麦基（Robert McKee）说过：只有一个明摆着的选择是很没趣的，只有从两个不好选项或两个好选项中择其一才有意思。我不确定如何描述这种情绪，但是正如我最喜爱的歌手吉莲·韦尔奇（Gillian Welch）一首歌的歌名（*I wanna do right, but not right now*），我们都经历过那种"我想做正事，但先不着急"的心态，所以，你最好讲述一个让人不会一下猜到结局的故事。

你的狼狈时刻

有个自曝糗事的故事一直是我最喜欢的，讲故事的人是某全球会计师事务所一位德高望重的高级合伙人。他所在的事务所曾聘请我去给他们讲讲如何通过讲故事来增加客户对公司的信任。那天有 150 位合伙人来听我讲课，到了故事分享环节，却没有一个人愿意站出来先讲，这也多多少少反映出该事务所内部的互信状况。大家一直都在你争我夺，抢资源，抢任务。我们等啊等啊，然后，终于有一位最受尊敬也最有威望的人站起身，走上前来。

　　他说："上个月，我有一天过得特别开心。我支持的球队在场上打比赛，我在 50 米开外为他们加油。最后我支持的球队赢了，把我给乐坏了。回到酒店的房间，我点了一个芝士汉堡、一份炸薯条，又要了两瓶啤酒。客房服务生把东西送过来，为了尽情享用我的大餐，我索性脱得只剩下一条小三角裤衩，然后风卷残云般把东西吃个精光。"他咧着嘴笑起来。

　　"天啊，我实在是太畅快了。吃完后我开门把托盘放在门口，不小心餐巾扫到了酒杯，杯子从托盘中滚落出来，我连忙伸手接住，这时，我听到身后房门'咔哒'一声。"

　　"我当时想到了电梯里应该会有人，所以电梯门一开，我左右打量了一下，赶紧躲到身边一棵棕榈树后面。"

　　"之后，我去按电梯按钮，然后又躲起来，直到等来一台空电梯。电梯往下走时，我意识到等会儿我还会有另一个麻烦。"他停顿了一下，继续说，"我觉得只能拼速度了，所以我飞也似的穿过酒店大堂，跑到一半时，我听到前台有人冲我喊：'你的房间号？'我告诉了他们，然后一把夺过我的新房卡就往回跑。"

　　"回到房间，总算安心了，但人被折腾得上气不接下气。这时房间电话响了，我拿起电话，气喘吁吁地说，'你好'。只听一个声音轻柔地说，'先生，我想跟您说一声，如果下次再发生这种事，我们每个楼层都有电话的'。"

直到他回到座位坐下，全屋的人还在狂笑不止。

他的故事告诉在场的所有人："我们在此是来学习的，是来放松的，这不是竞争，为了学习我宁愿让自己出糗。"听了他的故事，几乎所有人都明白了，这就是他们在此的目的，然后故事就一个接一个地开始了。

想想有没有哪次你让步后又懊悔不已，或许你还遇到这种情形：自己犯了错，明明可以掩盖过去，你却没有这样做。

只要不涉及尚未完成的议题，就算是大错也可成为绝妙的故事。这么做并不是为了一雪前耻，也不是为了将隐匿很久的某件糟心事一吐为快。不过，如果我们对某事已经释怀，而且也试探过人们对某件糗事的反应，那么正好可以把某个过失变成一个精彩的故事。如果你讲故事的时候勇于承认自己的过失，那么你就挫败了对手想趁机抹黑你的企图，同时还树立了坦荡的自我形象。

一位良师

我有位导师是吉姆·法尔（Jim Farr）博士，他总说："保持异处，定能带来异彩。"我俩初识于 1993 年，当时吉姆 75 岁，是一位从业 45 年的心理医生，教授领导力课程也有 25 年了，他慈爱、体恤、睿智，而这一切都被他的坏脾气掩盖着。后来吉姆拿到一笔资金，就招了 6 个弟子，其中包括我。我们一起学习如何组织"自我警觉工作坊"，他的机构成功开设了一系列领导力培训课程，而这个工作坊是核心。

吉姆对真相从不遮遮掩掩，总是有一说一。我们这些在他手下做事的人开玩笑说他这是"充满爱的虐待"。他能让你忙得不可开交，这是真的。吉姆是一位合气道（aikido）大师，合气道这种武术的精髓是避免动武，要是不行，就用最少的气力迅速结束打斗。如果有人攻击你，合气道的招数是借力使力，一照面就化解其攻势，将其摔倒在地。吉姆的头脑和身体都达到了这个境界。我那时也在练合气道，也想学习如何能做到这点，但我学到的至多是摔倒后如何打个滚儿起身。

有天员工一起开会，吉姆跟我说，你总是拧着来，耗费了太多气力。我这人有点完美主义，而且收到其他学员的反馈时总是急于辩解。说白了，就是我都快把大家逼疯了。吉姆起身，示意我站到他身边，说："来给我一拳。"我拉开一个最佳出拳的架势，朝他出击，两秒钟后，我躺在了地上。要知道我当时 32 岁，身体还不错，而他已经 75 岁了。然后他又用慢动作做了一遍，我出拳，他并没有回击，而是向左一步，接住我"出"的拳朝自己身前一带，一直拽到我的身体顺着出拳时的惯性向前倾，我再次倒地。

他问道："现在明白了吧?"

我永远不会忘记他的样子，还有那一瞬间。

他教我懂得那冲我而来的拳头并不总是我以为的"攻击"，也无须回击。它也可能是在引我转到对方的角度，看到他们所看到的。这时我可以停下来，静心观察，或是借势后仰，从各个角度观察我的观点。这个方法并不总是奏效，但至少让我明白了，当被批评时，我可以有多种不同的反应方式。事实上，当我以他们的视角来看待整个事情，我可能根本无须做出反应。我来此是学习的，不是争辩的。

说起我们"为何在此"这种话题，大家很少长篇大论，但如果你反思一下，就会发现总有一两个人为你做出榜样，鼓舞你。那么，当你想到自己"为何在此"时，你的脑海里浮现的是哪些人呢？

一本书、一部电影、一件时事

某大型零售公司有一位经理要在接下来的销售会议上做汇报，向 2000 多名销售人员报告业绩不佳的账目。那是 2002 年，刚刚过去的 2001 年"9·11"事件对公司业绩造成重创。他们已经竭尽所能，可还是没有达到预期目标。

这位经理决定一改话风，他没有表现出软弱无力的样子，而是借用电影《黑客帝国》的桥段，满怀英勇气概，直面"失败"。在这部有关选择的大片中，一名特工用带有能量的信息把一个门外汉打造成为正义而战的战士。接受这些信息需要勇气，这是一条艰辛之路。墨菲斯想让尼奥明白知识和智慧可能像苦药一样难以下咽，而后，他让尼奥从红蓝药丸中做出选择。

那位经理向大家复述了这个桥段。

> 墨菲斯（一手拿着一颗蓝色药丸）："服下这蓝色药丸，一切就到此为止。你一觉醒来后睡在自家床上，你爱相信什么就相信什么。（这时他的另一只手中出现一颗红色药丸）服下这红色药丸，我就带你看这兔子洞到底有多深。"
>
> 尼奥凝神沉思很久，伸手去拿红色药丸。
>
> 墨菲斯："切记，我能给你的只有真相，再无其他。"

这位经理继续说："瞧，这就是我知道的一切。回避真相或假装乐观可能更轻松，可我们有一些艰难的抉择要做，我宁愿选择面对真相。你们呢？你们想要红药丸，也就是真相，还是想让我放蓝色的烟幕弹？"

不用说，整个礼堂的员工都站起来，齐声喊道："红药丸！红药丸！"这个故事让经理从人们印象中只会带来坏消息的严苛家长变成了一位魔法师兼导师，准备帮助真正的主角（也就是他的听众）探寻真相并求得理解，这真是一个好故事。

还有，说到电影，其特效和演技都是现成的，你要做的就是描述一个场景，让它变得活灵活现。我更喜欢书，我最喜欢的一位作家是约翰·斯坦贝克（John Steinbeck），因为他能通过展现善恶冲突来让故事更贴近现实。斯坦贝克的笔下有人性的善，也有人性的可怖，但又不至于让我绝望到割腕。斯坦贝克笔下的场景极具真实性，从没有过度乐观的味道，也从不假装开心。从这种写实主义作品中借鉴"历经风雨"的智慧，会让我们所讲的故事显得更有分量也更可信。

有没有哪本书或哪部电影成为"你为何在此"的例子？或许它与某个特殊情境无关，但它曾激励过你成为更好的自己，如果是这样，那么这也算个好故事。凡是能鼓舞你的书或电影，也会鼓舞他人。

WHOEVER
TELLS
THE
BEST
STORY
WINS

第 7 章

教导型故事

教导型故事讲得好，可以给听众带来一种体验，使他们的情绪受到激发，从听觉、视觉、味觉、触觉和嗅觉上感受到善行的意义，或是恶行带来的难忘的后果。这种故事让我们看到新的行为如何带来新的结果，这种示范没有什么风险，只是凭想象做的一个试验。

查尔斯·狄更斯（Charles Dickens）的小说充满了教导型故事。在《圣诞颂歌》（*A Christmas Carol*）中，狄更斯向我们展示了教导型故事是如何起作用的。在小说中，幽灵们带着主人公斯克鲁奇（Scrooge）展开一场教导型故事之旅，每个幽灵分别讲了一个教导型故事，让斯克鲁奇从感情和思想上都体会到若再不改变自己的行为将会是什么下场。

第一个故事：过去，你为挣钱推迟了婚礼，然后你失去了你唯一的真爱——贝拉。

第二个故事：你爱财如命，让克莱切特一家一直受穷。

第三个故事：如果你执迷不悟，继续贪恋钱财，你会害了克莱切特的儿子，而你自己将孤独终老，晚景悲凉。

就是这三个故事，让斯克鲁奇一夜之间变了个人。

教导型故事能穿越时间和视角，给人带来身临其境般的体验，它们让我们有机会小试一下在困境中做正确和明智的事是什么感受。用故事形式传递出的体验远远胜过责备和说教。我有位好友叫帕姆·麦格拉斯（Pam McGrath），她是一名牧师，有一次她在福音布道会上讲道，就是以自己亲身经历的故事开场的。那是她在杂货店排队时发生的故事，它告诉我们，即使是一个简单的故事也能改变人们的体验。她这样讲道：

> 那是一个周五，有位妇人下班后带孩子去杂货店买东西，一进店，诱惑从四面八方扑面而来：大盒大盒的麦片、成包的糖果，还有大瓶装的汽水，看得妇人眼花缭乱。最后她好不容易排队排到收银台前，收银机的小票纸带用完了。她不耐烦地用脚敲打着地面，孩子们又开始挤进货架的夹缝间拿东西，收银的姑娘有些手忙脚乱，排在她后面的人开始怨声载道。就在此时，妇人注意到收银的姑娘胸前戴了个十字架，跟她母亲戴过的那个一样。
>
> 她说："这十字架真好看。"
>
> 收银的姑娘停下动作，深深看了她一眼，两个人都笑了。
>
> 她继续道："我母亲以前也有一个类似的。"

收银的姑娘说："我这个就是妈妈给的。"

说罢她们都长舒了一口气，笑起来。两个人就这样拉近了彼此，再次感受到了世间的温情。

帕姆用故事告诉我们，待人和善、关心他人比到处散发小册子更能宣传教会的教义。我忍不住想把这个故事与有些公司的盲目规定做个比较，这些公司塞给杂货店店员一套印好的寒暄话术，硬性规定他们对顾客必须热情周到，有求必应。可是每当听到那些店员照本宣科问客人"你想要的都买到了吗？"我就难受。在这种情境中，条条框框越来越多，与顾客的关系就越来越生分了。我若是说"没有"怎么办？那排在我后面的五个人是不是就得等着听我说："说实话，没全找到，我没看到意大利土豆丸子在哪儿。"这种问题不仅问得不是时候，而且如果对方的回答是否定的，问话的人实则也帮不上忙。做老板的如果非让员工按照这种套路说话，那就说明管理层对店员不放心，不相信自己的伙计有本事招呼顾客并急他们所需，这种不信任会让店员恪守礼数，却有失亲和。相比之下，教导型故事里讲的店员与顾客的花式互动则更加走心，提倡对细节加以关注，这本身就是一种善意之举。

有些教导型故事能把某个曾经的举动回放出来，这样你就可以从另一个角度来再次审视这件事。假设你正在一家养老院培训新来的护工，如果能让这群 24 岁的年轻人用 87 岁老人的身体过一天那可就太棒了。这样，生龙活虎的他们就能感受到帕金森综合征引起的震颤有多么痛苦，走不稳，也坐不稳。这些年轻人还能体会到依赖他人是什么感觉，还有听到人家像哄婴儿一样用敷衍的语气对自己说"今天还好吗"时那种卑微的感受。若真能如此，这种亲身体验会伴随他们一生。但是，我们做不到让人互换身体，最接近的办法就是借助教导型故事来体验一把"转换人生"，并从中受益。

我不是让你碰到什么事都讲故事。我们需要规则、政策、范本为关键系统做保障，在生死攸关的境地，以及那些需要准确性更胜于同理心的时刻，我们也需要它们的保障。许多基于最坏情况制定的规则和步骤能够挽救生命。医护人员需要技术性操作规范，如静脉注射；但是遵守规范不见得就能培养出护士与患者打交道的本领，比如安抚惊恐不安的患者。即使是技术上的事，也能通过讲述自己在某次最坏情境中的经历，让实习医生深刻认识到一丝不苟的重要性。

用故事进行教育时要注意一点：切记，故事的有效率只有七成左右。当你启发和鼓励对方自我思考时，对方会更加积极地投入，也更加用心。不过，有时他们对故事的理解可能与你预想的并不一样，这是创造性沟通的代价。但也有另一种可能，那就是对方的理解可能比你的预期更到位。

练习：分享毛病

现在，想一想你想教给人的一样本领。何不从某件由于你的毛病而没有干好的事开始呢？如果你对一件事有某种不好的习惯反应，那么你很可能已经积累了一些消极看法和情感包袱，它们会影响到你讲述教导型故事的能力，你必须要更加充分地判断分析才行。让我们退一步，重新审视那件你认为有待改进的事，你不妨从旁人的角度来看它。有哪些经历可以讲成故事，以此来改变对方的做事方式？有没有哪件事令人心潮澎湃，但对方永远不可能目睹，只能靠你的教导型故事来体验？

以下是我们的四桶教导型故事的例子，你可以从中获取灵感。

你的高光时刻

有关文化敏感性的课程有很多。如果你有富余时间去学习，在文化差异研究领域拿一个硕士或博士学位，那么你就能列出成千上万种因为文化差异冒犯他人的方式，比如在阿拉伯国家露出脚掌，或是在印度用食指指指点点，等等。然而，你最需要掌握的本领，是要时刻对那些不符合你预想的文化释义保持敏感。

我听过一个故事，是一名叫辛迪的年轻女子讲的，她在美国和平队（Peace Corps）服务了两年，最近刚回国，她带着几分戏谑讲起自己服务菲律宾期间发生的故事。任期一开始，她得先跟当地居民生活一周，她满心以为自己的寄宿家庭早就安排好了，也准备妥当了，就像自己在国内跟教会唱诗班出去旅行一样。谁知她与和平队的伙伴们却像是被"拍卖"给了各家各户似的，他们列队站在那里，老百姓上前来一个个把他们挑走。

这些老百姓有单个来的，也有拖家带口来的，他们把看中的志愿者带出门。一位中年妇女选中了辛迪，她不会讲英语，而辛迪也不会讲塔加洛语（Tagalog）。辛迪的领队向她保证说没事儿，让她跟那女人回家，一周后归队。辛迪就照做了。

以下是辛迪的故事：

她带着我走啊走啊，走过干净的街道和四壁林立的住宅区，走着走着，寻常的房屋不见了，取而代之的是用油布搭的棚子、单坡屋顶的小窝棚，还有硬纸壳箱子。最后我们来到一个紧挨着公共垃圾堆的窝棚前，没有墙，地坪就是泥地。我没有觉得有多恶心，嗯……我直接被吓傻了。

那里到处都是虫子，但我斗着胆子尽自己所能来帮忙。我们去弄了点食物，在外头生火做饭，然后共进晚餐。可我没吃几口，我觉得不大舒服。

天色暗下来，我想去卫生间，可是找不到，我连间茅厕也没看到。我倒是没想找那种门上标着"女士"，地上铺着瓷砖的厕所，我知道那儿的设施很简陋，可我也没想到啥都没有啊。我四下打量，想看看别人都是怎么做的，可我还是搞不清他们想去"方便"时到底会去哪儿解决，而我也问不到，因为我不会说他们的话。

最后我实在憋不住了，我必须去方便一下。我不得不学哑剧演员的样子表演给收留我的女房东看，我两腿撇成八字，做上下跳的动作，这是一个国际通用符号，意思是"我要上厕所"。我那女房东笑个不停，然后她也比画着告诉我，他们都是就近找个犄角旮旯就地上小号。接着她开始比画着教我上大号。她拿出一个塑料袋，示意我可以把这个袋子当成马桶，说着她把袋子递给了我。可我还是很困惑，我完事后怎么处理这个袋子呢？她看出了我的困惑，笑了笑，拿起袋子，作势甩过头顶，然后像扔铅球一样，把袋子朝垃圾堆那边扔过去，扔的时候嘴里还蹦出两个英文单词——"飞碟！"那是我一周里听到的唯——句英语。

辛迪的故事让我们大笑不止。当时有 250 个人在场，然后"飞碟"一词就成了学会随遇而安和入乡随俗的代码。这个故事是打菲律宾人那儿来的，却适用于应对任何文化差异。

你的狼狈时刻

2003 年"哥伦比亚"号航天飞机出事，机上成员全部罹难。惨剧发生九个月后，《纽约时报》（ *The New York Times* ）刊登的一个故事给了我启发。这个故事的部分内容我们已经知道了：

"哥伦比亚"号升空时，机翼上有一片隔热层脱落，之后 2003 年 2 月 1 日航天飞机在得克萨斯州上空重返大气层时燃烧起来。在后期进行的一次深入调查中，有后见之明说，其实早有数据预测到这次事故隐患，只是这些数据被隐藏在一张 PPT 演示页中了。耶鲁大学教授爱德华·塔夫（Edward Tufte）是专门研究数据视觉演示的，他分析了这张演示页。这张演示页上的文字多达 19 行，而那条最关键的信息出现在最后一行："飞行条件显著超出试验数据库，试验中的倾斜容积为 3 立方英寸[⊖]，而实际为 1920 立方英寸。"

这是一个用糟糕的视觉效果讲故事的例子。人们纷纷议论说，与那张 PPT 演示页上的其他信息相比，这个"显著的"相关数据从视觉效果上看是简直太不显眼了。而更重要的是这个故事凸显了一点，屏幕上文字提供的背景信息不足以让人读懂数据所蕴含的人命关天的意义。讲故事就是要将人的注意力吸引到最重要的事上，或是构建视角让某些重要数据凸显出来。

数据是摆在那里的。飞行中脱落的那个碎片比他们所有测试过的安全值都要大数百倍，可这则信息却没有在页面上凸显出来。如果在演示页上加上一条具体的描述"与你的汽车车门脱落相似"，会不会就可以挽救那些宇航员的生命呢？是 PPT 害死了那些人吗？不是。线上杂志《演讲》主编泰德·西蒙斯（Ted Simons）曾拟过一个标题——"PPT 不会毁了演讲，但是人会。"我最担忧的是，有时你明明没讲明白，可 PPT 让你以为自己已经讲明白了。

《纽约客》(*The New Yorker*) 杂志上登过一幅漫画，画

⊖ 1 立方英寸 =16.4 立方厘米。

的是地狱人力资源总部的一个场景。画面上，地狱招聘官正面试一个新打手，只见招聘官靠着椅子后背，看着应聘者说："各方面都还不错啊，可是你懂 PPT 这种玩意儿吗？"

一位良师

大家常常吐槽不文明行为。我曾和某医院集团共同发起一项活动来提升文明水准，对方发现这个活动也改善了患者的安全环境。不文明行为蔓延起来堪比传染病。若有人对某个员工不好，员工有可能迁怒于顾客或患者，而对方也会以牙还牙，这种冤冤相报实在可怕。我们不停念叨"顾客总是对的"，但事实并不总是如此。你想不到面对一个刁钻顾客或怒气冲冲、满口脏话的患者时，想要善待他会有多难，如果看不到这点，员工就会觉得憋屈。

下面的故事来自我课上的一位女士，她讲的时候不带丝毫怨恨，也没有自怨自艾，她重新定义了"受害者思维"。

我上高中时是那种长得比较丑的女生。成人后我才知道，其实每个班都有一个"丑女生"，你们班肯定也有。小学时，我长过虱子；上体育课时，我是那个最后被叫到的怪物；进了高中，有一帮男生总是让我觉得像是活在地狱里，不管我怎么躲，他们总能找到我。放学后，我会晚走一会儿或者找个离其他同学远远的长凳坐着，等我妈妈接我回家，我想尽一切办法让自己成为一个隐形人。

　　但是，不管我躲在哪儿，那帮男生总是能找到我。找到我后，他们就开始玩那个他们最喜欢的把戏。其中一个家伙会挨着我坐下，伸出胳膊搂住我，假装约我哪天出去，还求我吻他一下，这时他们就起哄大笑。我尽量忍着不让自己哭，可我的下巴还是会哆嗦。我哭得越凶，他们笑得越起劲儿。这种情况持续了近一年。后来有一次，他们冲我走过来，我又开始不知所措，一个男生上来搂我，挑逗我，这时我感觉有股力量把我的左臂举了起来，这股力量未必来自我体内，但真的是一股力量，它拽着我的手臂搭在那男生的肩头，还使劲儿搂了他一下，然后我灵机一动，居然对他抛了个媚眼。然后那帮男生就不再笑话我了，转而笑话他了。我又抛了个飞吻给他，自己也笑起来。你们要是能看到他那会儿的表情就好了，真是太逗了。

　　从那天起，一切都变了。当然他们还是会拿我逗乐子，可我不再让自己有种被欺侮感，我有了力量，而且把这种力量发挥了出来。

　　有个策略虽老套却很管用——找到一位成功人士，然后模仿他。我至今仍将这位女士当作榜样。重述成功人士的习惯、言行举止、日常目标，能让你更进一步学习（或教授他人）如何像他们那样获取成果。去找到那些身上有你想学的本领的人，钻研他们的故事，然后讲述他们的故事。我们要传授的正是我们需要学的东西，我想不出还有什么比这更好的方法了。

一本书、一部电影、一件时事

我有个朋友是心理治疗师。为了让自己的行医执照一直有效，他必须不断参加心理健康方面的最新课程来挣学分。他常常参加一些药厂举办的免费培训，了解它们提供的药物最新信息，有时碰到神经科学、情绪和心理健康方面的内容，我也会去。

演讲者的水平参差不齐。他们的脑瓜都很好使，大多有医学博士或哲学博士学位，可讲起话来让人听着饶有趣味的还真不多。有位精神科医师在演讲时倒是抓住了所有人的注意力，他讲了一个电影里的故事。当时他的 PPT 讲到一半，正在用图表演示躁郁症试验疗法的疗效，当他讲到拉莫三嗪和卡马西平这些我不熟悉的词语时，我强打精神想搞明白，可还是两眼发涩，直到他讲到下面这段话，我醒了。

> 遗憾的是我们这门学科其实很不精确。大家知道，我们发现锂距今也不过 60 年。1947 年，澳大利亚人约翰·凯德（John Cade）发现锂可以用于治疗躁狂症，有部电影演的就是他。那时，大家都用电击疗法和前脑叶白质切除术对付这毛病。约翰·凯德想知道躁狂行为会不会是因为体内某种物质过多所致。会不会是病人体内分泌的兴奋剂在麻醉自己？他那时正好在附近一家机构治疗 10 名

躁狂症患者，便收集了他们的尿液喂给豚鼠，想看看是不是有哪种"过量物质"让豚鼠变得躁狂起来。结果什么也没发生。于是，他决定将尿液注射进豚鼠体内。为了做这事，他需要某种能够做基液的盐类化合物，反复试错后，他发现碳酸锂的效果最佳。

谁知当他给豚鼠注射后，溶液造成的却是一种强效镇静效果，这与他的理论正相反。他好奇极了，又试着给自己注射，想看看用在患者身上够不够安全。

他知道应该先去给谁治疗，他那里有个极度躁狂的男子，整天安定不下来。这人的症状严重到连工作都丢了，后来被机构收容了。约翰·凯德给他注射后，几乎是立竿见影，这人变得比之前"更安定，也更有条理，注意力能集中了，也能控制自己的冲动"。经过两周的注射治疗，这人已经能离开机构，重返工作岗位了。这简直是个奇迹。

约翰·凯德早在50年前发现了这个奇迹，而我们至今仍不明白其中的原理。

讲到这里，那位精神科医师停下来，看着自己PPT上的图表，沉默不语。你可以想到，接下来他说的与他研究有关的每一个字，我们都竖起耳朵在听。他的叙述再次让一切变得扑朔迷离，又激起了大家刨根问底的兴致。

电影总是以这样或那样的方式来探讨人类问题。1962年上映的《杀死一只知更鸟》（*To Kill a Mockingbird*）时至今日仍会引起高中学生的热议，这部经典还是那么引人入胜，敦促人们对种族主义、正直、谦逊和成见进行反思。

　　看电影时遇到喜欢的场景，我都会记下来，以备未来不时之需。我用不着操心什么时候在什么地方会用到它，因为能让我感动到为之驻足的故事，我相信将来一定能派上用场。

WHOEVER
TELLS
THE
BEST
STORY
WINS

第 8 章

愿景故事

　　小时候，我母亲教我餐桌礼仪，为了让我觉得这套东西很有必要，她对我说："说不定哪天女王请你去喝茶呢。"如今我都年过半百了，尚未收到皇室的邀请函，不过我的餐桌礼仪倒还算优雅。

　　"女王的茶会"是我母亲版的愿景故事。要不是听母亲描述将来我可能在皇室茶会上当众出丑的场景，并且听她说"总有一天你会感谢我"这番话，八岁的我觉得用短叉子吃沙拉简直太滑稽了。无论年龄几许，我们总能用一个精彩的愿景故事来培养道德品格和迟到的感激之情。

　　恼人的活计、训练、日常维护或是意外变故，等等，这些都难以让人对当下的一切心生感激。在那个当下，我们的挫败感就像一笔预付款，而我们希冀能凭此换来未来的好收成。一个好的愿景故事能让承诺中的未来收益变得仿佛触手可及，感觉就在眼前。当你借助形象、声音、气味、情感来精心描绘愿景，愿景就变成活生生的了，而你也用明日的回报来减轻了今日的负累，于是排山倒海般的困难变成了小挫折，你能经受它们并跨越它们，而且觉得再苦再累都值得。

愿景故事让你不再只盯着眼前艰苦、复杂、混沌不清的局面，而是抬起头，放眼值得为之奋斗的未来。愿景故事还可以让你抵御每天遇到的各种诱惑，不转变方向，不放弃，不妥协，不分心。如果没有一个深植内心且时刻铭记的愿景，我们很容易忘记自己是谁，也忘记自己为何在此。

愿景故事创造可感知的、充满想象的未来，它就像陈列在商店橱窗里的一辆自行车，锃光闪亮，激励孩子们去干更多的活儿。孩子们受到激励，每每想象到自己将来骑着那辆自行车的情景，他们就有了干劲儿，然后去翻腾垃圾箱里的铝罐，去照看哭闹的小宝宝，甚至替家人洗车。当我们在自己的想象中，看到、尝到、摸到、嗅到、听到一个真真切切、激动人心的未来，我们干的活计与回报相比就不让人觉得低贱和辛劳了。

讲故事能让勾画愿景的过程更扎实。当你把故事当成诠释自己愿景的方式，勾画过程中你常常会发现一些"情节漏洞"，这时你可能就要从头再来。创作愿景故事是进行思维实验的好方法，通过实验能预见对立的观点或意料之外的结果。愿景故事向我们要求得多，不过带给我们的好处也很多。

情景规划是一种未被充分利用的讲故事方式。想当初，皇家荷兰壳牌公司（Royal Dutch Shell）的情景规划团队在预测未来时将精心设计的计算机模型扔在一边，转而为可能发生的国际事件制订应急方案，并据此来制定战略，由此让"情景规划"一词进入人们的视野。他们在规划的情景中，预测到了 1973 年石油禁运、苏联解体，以及这些事件的可能结果。

在情景规划中，战略可以通过思维实验与一些真实未来事件对比得到检验。人们喜欢称它为"风洞试验"，这一比喻来自在风洞中模拟各种天气状况对飞机进行测试。讲愿景故事像讲所有故事一样，诉诸具体描述才能展现你的愿景的可信程度。

1990 年代早期，在南非的蒙特佛利会议中心（Mont Fleur Center），部分政府官员、民众、公司利益相关者齐聚在此，他们是来做情景规划的，要为建立一个安全而繁荣的后种族隔离时期的南非勾画一个共同愿景。其时，整个国家的局势都在滑向内战。与会者准备了关于"蒙特佛利情景"非正式讲座系列。从 1992 年开始，他们描述了四种可能发生的"蒙特佛利情景"："鸵鸟式"（逃避现实，迈向内战）、"跛脚鸭式"（脆弱的协定）、"伊卡洛斯式"[⊖]（追求社会主义却以失败告终），以及鼓舞人心的"火烈鸟飞舞式"（包容性民主和持久和平协定）。在讨论"火烈鸟飞舞式"情景时，与会者越谈越觉得一个和平过渡的愿景是可行的，就连那些求全责备的国民也认为行得通，如此一来，对话自然就展开了。

没有哪种情景预测到一个人物的出现，那就是纳尔逊·曼德拉（Nelson Mandela），但"火烈鸟飞舞式"愿景故事无疑为曼

⊖ 伊卡洛斯（Icarus）是希腊神话人物，他和父亲代达罗斯（Daedalus）用蜡和羽毛造翼逃离克里特岛，因飞得太高，双翼上的蜡被太阳融化，跌落水中丧生。——译者注

德拉博士培育了沃土，使他能够对追随者说："如果你想与敌讲和，就要与敌共事，这样他就成了你的盟友。"愿景故事在人们的想象中先构建了一个全新的未来，因为你若看不见未来，也就无法去建设它。

　　徜徉在故事的虚拟现实里，你能凭直觉发现某些难以预见的隐含的启示，还有某些难以预见的后果及关联因素。只停留在概念层面的讨论是看不见这些的。我们此处的目标是创作一个能将我们带入未来的故事。一个"带动人"的故事能激发出渴求、希望、归属感和幸福感这些积极的情绪。而基于恐惧这种负面情绪的故事（贪婪是恐惧的另一种表达）则会让人倍感压力（也是恐惧的另一种表达），这种压力会助长不安、匮乏，以及"有我没你"的思想。恐惧是一种生理状态，也是一种心理状态，它让我们的视野变得狭窄，还会限制我们的创造力。如果我们充满恐惧，就不会再放眼未来的愿景，而只会盯着问题。处在这种情绪中，我们脑子里只有人类最基本的三个反应——是战？是逃？还是原地不动？恐惧会让你变傻，让你的每一分智商都陷在最坏情境中打转。

　　与之相反，希望和爱则能扩大你的视野，让你目光从容，看到各种人和事的关联，从中探寻各种契机。一个好的愿景故事能让人变得坚韧和乐观，同时也让人清醒地认识到通往愿景的路上不乏艰难险阻。相比之下，那种"画大饼"的愿景则无视现实中的艰辛、牺牲和挫折，它会燃尽你队友中乐天派的热情，让现实派也不再受到鼓舞。过度承诺会让你失去这些人，这是给自己找麻烦。

练习：勾画你的愿景

　　开始搜罗故事前，要先做一些基础工作。不妨先从你自己的愿景开始。你的愿景是什么？想象一下你从现在开始五到十年后的情况，那时你已经实现了一系列具体的目标（定几个具体目标做实验，或者为每个目标画一个愿景路线图）。展开你的想象，观察平日里某一天的那些具体细节。你可能要等上一会儿，它们才会在脑海里出现，不过只要有耐心，你的想象力就会发挥作用。人类有巨大的前额叶皮质，这是专门为了用故事来做情景规划而设计的，我们得好好利用它。随着故事展开，你的大脑将运用所有过往经历来进行推断，识别可能出现的机会和阻碍，它还会捡拾你当时实现目标过程的记忆碎片，它们不真实但是可用，比如你曾面临哪些风险？当时有谁参与其中？最后怎么样了？

　　你可以用一幅连环漫画图解自己的愿景故事，或者找到一个与你想象的成就、困难、事件相近的类比。你可以从"四桶故事"中找到灵感，说不定还能找到一个融合了**"为什么"**和**"怎么做"**的故事。这种既讲述动机又提供相应对策的故事十分难得。阅读下列四个愿景故事范例，让思绪自然流淌，记下你的想法，让想象如天马行空，去探索、推测、重新组合，重新规划思路，直到你找到一个合情合理的情景，让你觉得胜券在握。那些让你觉得不对劲的事，别人也会觉得不对劲。

你的高光时刻

1992 年秋天，我在澳大利亚墨尔本的智威汤逊公司工作。那时我刚为福特经销商网络设计完一个不错的试行计划，预备将下一年的预算从 20 万美元提高到 200 万美元。孰料"当时的老大"决定让某个更有经验的人来运营"我的"计划，这让我感觉很不爽，也让我认清了自己不适合从事广告工作。

那年早些时候，在某次个人发展工作坊中，有人问我："如果全世界的钱都归你，你会干什么？"我脱口而出："我想干些能帮助团队达成共识的事，帮大家了解自己是谁以及为何在此。"但我当时的"愿景"实在太模糊了，所以我就一直得过且过，没做出任何实质性的转变。我都没能让自己看见那个未来，遑论制订计划奔向它。这时，我的潜意识起作用了，它给了我一个隐喻。

一天晚上，我做了个梦，一切就都变了。我梦见自己在一个有着二十几个站台的大火车站，和母亲坐在一起喝着咖啡，我们身边放着行李，再有一个钟头左右我们的列车就进站了。后来，我站起身，说想四处转转。我想去打听打听，找一下我们列车停靠的站台在哪儿。我走了好长一段路，然后下了一个扶梯，我的脚刚踏上站台，我们的列车进站了，比原定时间早到了一个钟头。广播里喊着列车将在三分钟后启动，可我的行李不在身边，我也没带车

票，还有我母亲，她还不知道我跑哪儿去了，但我还是上
了车。

如果当时我去把所有自己需要的东西都取来，我一准
儿会错过那列火车。我清楚地记得自己在梦里的想法——
"只能走一步算一步了。"于是，我就开始练习应对将要遇
到的第一个问题——如何向验票的列车员解释自己为什么
没票。

第二天早上从梦中醒来，我明白自己应该辞职了，我
要回美国，找一个研究生课题或一位导师，重新开始我的
职业生涯。有人觉得我崩溃了，尤其是我母亲更是这样认
为。按照常理，总该找到新工作再辞职，起码脑子里对下
一份工作要有个大致轮廓吧，而我既没有下一份工作，脑
子里也没有大致轮廓。1993 年 4 月 23 日，我飞回我的家
乡路易斯安那，六月份整整一个月，我都在驾车游历全
国，到了八月份我找到一个研究生课题，也找到了一位导
师。到了 1997 年，我获得了一个硕士学位，还获得了两
年跟随导师工作的经验，以及自己第一本著作的合同。新
书一面市，我就开始了自己的事业。我的愿景故事告诉
我：我可以不带车票和行李就跳上火车，然后随机应变，
应对各种细节问题。

刻在石头上一成不变的愿景故事，远不如那种无拘无束、可
以根据具体情形随机应变的故事。

你的狼狈时刻

我最初的老板中有位叫琳达的，我给客户发每一封信之前她都要过目，我对客户做每一次演讲前她都要提意见。她返还给我的信上密密麻麻全是红色标记，有删除的句子，有潦草的改动。我的那些演讲也都得重新编排，重新措辞，直到修改到她满意为止。我没跟她争，一年前，一次公开演讲课让我的自信丧失殆尽。那次公开课极为残酷，在即兴演讲过程中，讲师会打断我们，让其他学员投票决定演讲者是否还要留在台上，这让我备受打击。"幸存者"或许是档不错的电视节目，但拿来培训大家增进沟通技巧，可真不是个好玩法儿。

这些被琳达大刀阔斧修改后的演讲稿干巴巴的，讲起来也很拗口，我和大家都觉得很难受。我不是那种很适合当牵线木偶的人。有一天，琳达去做胸部手术了，我要在她不在场的情况下做工作情况汇报。我不用看"监工"的脸色了，便按照自己的方式做了演讲。我讲了 15 分钟，这是头一回我在构思演讲内容时，满脑子想的不是怎么少被她的红笔批改，而是怎么才能让客户更满意。好家伙！客户高兴坏了！我被他们夸得都不好意思了，那情形好像他们在问我："你以前是咋回事？"客户们去向我老板的老板道贺，因为在他们看来，我此次一气呵成、令其耳目一新的表达，只有一个解释能说得通，那就是肯定得益于他的指导，我老板的老板当时听了，微微一笑，冲我挤了一下眼睛。

从那天起，我发誓再不做别人的传声筒，我要做我自己，用我自己的风格讲我自己的话，就算讲砸了，我也认了。我很清楚，如果我没吃透自己想要表达的内容，我必须再去反复琢磨它们。

一位良师

如果你曾因说出真相而陷入麻烦，那咱俩可谓同病相怜。我从五岁开始就口无遮拦，我总是抖落出让人不快的真相，还把人家心照不宣的事儿公之于众。与其说我那会儿勇气过人，我倒觉得更像是做事欠考虑。不过，既然这就是我的本来面目，那么我就得有本事为自己做的事善后。人们说我离经叛道，我认了，然后我得找一个离经叛道者的成功故事，从中学习如何说真话又不会被绑在火刑柱上烧死。这时我找到一位良师——伽利略。在说真话的人中，他是我最喜欢的一个，原因很多，其中最重要的是他坚持了真理却没上火刑柱。而与他同时代的布鲁诺，说了跟伽利略同样的话，却被烧死在火刑柱上。伽利略最终不过是遭到软禁而已，不过那时他已年迈，出个门也相当困难了。

人们整天叮嘱我"要识时务"，但我好像总也无法将这类忠告转换成具体的策略。伽利略的故事算是帮了我大忙，他有权倾一时的朋友，在处理与"真理"的关系时也很圆融。为了躲过宗教裁判所的惩罚，伽利略其实是签署了一份悔过书的，他承认自己有错并且声明太阳是绕着地球转的。之后，他照常写作和演讲，只是一直受到监视，直到最后迈入古稀之年被禁锢在佛罗伦萨的寓所中。

我时不时地会问自己——"伽利略会怎么做？"他的传记对我而言就是一个愿景故事。传说伽利略曾收到友人的一封信，乞求他能出面救布鲁诺免于火刑，但他拒绝了。伽利略之所以保持沉默，或许是因为他势单力薄，抑或他选择了明哲保身。这件事让我想起宁静祷文中的那句话——"请让我接受无法改变的，改变能改变的。请赐给我智慧，让我分辨两者的不同。"伽利略对真理满腔热忱，却没有选择成为一名殉道者。教皇逼他签署悔过书，他也便屈尊俯就了。

然而，伽利略最高明的地方是他写了一个故事，故事中的三个人物对正反两方观点的优越性和正确性展开辩论。这本名为《关于两门新科学的对话》[⊖]（*The Dialogue of Two World Systems*）的著作在他去世四年前出版，至今仍在重印。伽利略借书中人物之口说出了自己不能说的话，还让他们通过问问题将当时禁止探讨的真理揭示出来。伽利略是一个大智若愚的人，他献身真理，又足智多谋，善于变通，受到威胁时甘愿三缄其口，保持低调——

⊖ 《关于两门新科学的对话》中文版 2006 年由北京大学出版社出版。——译者注

这些都是我要牢记的经验。

人类的每一次戏剧性事件或多或少都是以往事件的重演。逼视之下，你会发现某个自己敬佩的人所克服的困难以及追求的目标与你的惊人相似。

一本书、一部电影、一件时事

许多电影都为我们提供了精彩的愿景故事。《冰上奇迹》（2004 年）讲的是 1980 年的美国冰球队的故事，它教我们要团结；《奔腾年代》（2003 年）体现了弱者激扬奋进的精神；《果岭奇迹》（2005 年）让我不由得挺直了脊背，因为这部电影提醒了我是谁，我属于哪里。但是，这些电影都是关于运动和比赛的，里面既有胜利者也有失败者。

我喜欢较量，但我人生的大愿景绝非一场竞赛。十多年前，我决定要活得像个艺术家，我认为企业以及各类组织跟社会的其他组成部分一样都需要艺术。我来自美国南部，所以我想向约翰尼·卡什（Johnny Cash）"求助"也就不奇怪了。

约翰尼·卡什是一名高产的艺术家。他从 1955 年开始录制第一张唱片，据说一生创作了 1000 多首歌，发行了 153 首单曲和 96 张专辑。1968 年，约翰尼·卡什与琼·卡特（June Carter）结婚后毒瘾得到控制。他和"教头们"的争议多半似乎都是围绕着原创本意展开的。他

在《卡什：自传》[⊖]中写道，他对自己的唱片公司——哥伦
比亚广播公司（CBS）已经受够了，因为公司不停根据人
口统计数字给他提建议，什么"新增乡村音乐粉丝"，什
么"最新市场调查"，还有其他五花八门基于统计数字预
测的流行趋势。1974 年，约翰尼·卡什感到自己与哥伦
比亚广播公司已是"貌合神离"，便为公司制作了一张唱
片，名叫《黑衣鸡》（*Chicken in Black*），这简直就是"故
意惹是生非"。更过分的是，他把自己打扮成一只黑鸡的
样子在纽约城里录视频，还逼着公司为此掏腰包。录完视
频后的第二年，也就是 1986 年，哥伦比亚广播公司停止
与他续约。吃惊吧？约翰尼·卡什居然发现了非暴力反抗
（civil disobedience）这招儿。

　　我之所以喜欢这个故事，是因为它正合乎我的天性。有些数
字，如果我不能切实感受到它们跟我有什么重要关联，我就会不
由自主地抵触它们；有些事情，如果我感觉不对劲儿，我就不会
去做。约翰尼·卡什漫长的职业生涯证实了坚守立场是值得的。
卡什在 61 岁那年的复出[⊖]，深深触动了总爱用人口统计数字影响
艺人的哥伦比亚广播公司，新专辑引起的轰动正是他们梦寐以求
的，如今却求而不得了。制作人里克·鲁宾（Rick Rubin）——
这个在卡什眼里"穿得破破烂烂，连酒鬼都不如"的人让他相信，

　　⊖　Johnny Cash, *Cash: The Autobiography* (New York: HarperOne, 2003).
　　⊖　此处指 1993 年约翰尼·卡什发布的新专辑 *American Recordings*。——译者注

不管卡什想录制什么音乐，他都能制作出来。鲁宾是红辣椒摇滚乐团和野兽男孩乐队的制作人，他跟卡什说，他并不十分熟悉卡什喜欢哪种音乐，但他想把它们都听一遍。鲁宾预言卡什的音乐能吸引到年轻听众，卡什对此表示疑问，不以为然。鲁宾跟他说："他们只需要你带到音乐里的那种火热激情……你尽管保持本意就好。"正是这股子忠实于原创本意的劲儿让卡什的专辑赢得了四次格莱美奖。

原创本意好也罢，坏也罢，一直在卡什的传奇中如影随形。约翰尼·卡什的人生是一个明证，告诉我们不要放弃自己的艺术观点，也不要出卖自我。每次我穿着约翰尼·卡什同款 T 恤去杂货店，都有陌生人冲我竖大拇指，这就是证明。

最后补充一点拙见：在虚构小说中寻找愿景故事是很悬的，因为再伟大的小说，呈现的也是一个虚构的、可能已经被理想化的世界，为了吸引读者，其中肯定少不了一些杜撰。真实故事的好处在于，这些事是真正发生过的（至少发生过一次），因此，你也很有可能让它们再次发生。

WHOEVER
TELLS
THE
BEST
STORY
WINS

第 9 章

『行为价值观』
的故事

你跟大家讲的那些与有线公司、水管工、电工之类服务商打交道时碰到的糟心事，几乎桩桩件件都能当作一个"行为价值观"故事。乘飞机旅行时碰到的那些事也一样。我们三天两头跟人讲这些透着自私和冷漠价值观的故事，结果给自己培养了个毛病，动不动就跟人比惨。

想象这样一个情景：周六一早，我发现客房卫生间有个地方漏水，而我母亲周日就要来看我们了。于是，我给一名叫德里克的水管工打电话报修。一个钟头后，德里克来了，还带着他年幼的儿子。他们父子俩本来是要去看橄榄球赛的，尽管如此，德里克还是花时间帮我把漏水的地方修好了，而这已经远远超出了他的职责，德里克让我看到了尊重、热爱家庭、主动守时、厚道、能干这些价值观。

而在另一个情景中，有个叫泰德的家伙，两次失约，还迟到，我请他帮我安装一个新后门，他把活儿干得一团糟，而且账单上的价钱是他最初报价的两倍。他向我展示的是一个拖沓、缺乏尊重、失信于人的故事。

泰德的故事整天被我挂在嘴边，而德里克的故事却没给我带来这么大的反应。因为一切都很寻常，德里克做的一切与我期望的一样，甚至远超我的期望，但他的故事激不起特别强烈的情绪。

常识告诉我，讲述德里克的故事更能带给我一种超越自我、助人为乐的感受，因为讲故事时，我再次强化了自己"世界上全是好人"的感觉，这映射出我自己美好的价值观。

相比之下，第二个故事会让我愤世嫉俗，让我想到人是自私又不可靠的。这个故事打消了我想出手去帮助他人的愿望。但即便如此，当我和别人聊起服务商的那些事，泰德的故事还是会呼之欲出，挤进来争夺"史上最差服务商"大奖。

讲述糟心故事的部分原因是它能帮我们疏导情绪，化解以前不好的感受。不过，更有益于身心的做法并不是靠翻来覆去讲同一个故事来排遣以前积累的负面情绪，而是要往前看，用积极的信息来重塑这些糟心的故事。"行为价值观"的故事既能带来灵感、创造力、创新，也能带来沮丧和漠然。稍后我会探讨怎么讲这类故事，现在我们先来看看如何用各种方法把价值观转化成我们日常可见的故事。

比喻：微型价值观故事

我们在日常交流中讲的故事、打的比方，奠定了我们价值体系的根基，反映出我们是如何看待世界的。比喻其实就是一个个微型故事，帮我们把复杂的事情套上一个熟悉的外壳。我们常用战争做比喻，比如"艾滋病战争"，当我们以战争为喻来表达对寻求艾滋病治疗方法并阻止其传播的渴望，就会感到这件事更加迫在眉睫，而对有些人来说，提到"战争"还有"胜券在握"的意味。喜欢战争比喻的人不在少数，因为这类比喻能让他们感到自己更强大，更有斗志。战争比喻激发了他们的"是战斗还是逃跑的反应"（fight-or-flight response），刺激肾上腺素和皮质醇的释放，敦促人们诉诸行动。战争的感觉是活跃的，"治疗疾病"则更温和，也更复杂（在某些情况下还会更容易理解）。

比喻给事情套上外壳，让它变简单，但这也可能造成割裂，让事情变得过于简单。我们常常禁不住那些煽动性比喻的撩拨，投给它们更多资源，而一旦我们稍加留意，可能根本不会这么做。比如，大家普遍认为工厂、产品或信息系统最好成为"既精简又精悍的战斗机器"。这一比喻能让你"除去脂肪"（比喻精简）、"剪除枯枝"（比喻淘汰）。但是，请想一想，如果将这些比喻用到人身上意味着什么？没错，人也可以成为"既精简又精悍的战斗机器"。或许你曾与那些像机器一样的人打过交道，抑或是你觉得自己就是一台机器。若是如此，你可真是麻木不仁了，因为"既精简又精悍的战斗机器"这种比喻削弱了我们的人味儿，让我们这些自身也有毛病的人失去对他人的同理心，从而毁掉那些充满人情味的价值观，破坏了人道主义体系。

一家公司用"无懈可击"来形容自己的会计业务，这没什么不妥，我就想让替我做报税文件的人做到"无懈可击"。但是，这家公司最好再补充一些别的比喻，以此顾及人的一面，毕竟人是复杂的个体，做不到普遍意义上的完美。"顾客永远是对的"是一句广为流传的比喻，但这个说法还得考虑到现实中可能出现的多重语义，所以只有融入了信任、宽容、互惠、宽宏大量这类价值观，这句话最终才行得通。而且现实中的顾客并不总是对的。

有天晚上我入住一家酒店，用房卡怎么也打不开门，疲惫恼怒之下，我"咚咚咚"跑到楼下前台，把房卡丢给前台接待。"这房卡坏了！"我说这话时可能还夹着怒气。

前台接待员咧嘴笑了起来，眼里闪过一丝调皮，说："可能因为这张房卡不是本店的。"我接过一看，发现这张房卡是我住过的上一家酒店的。出错的是我，我还气势汹汹，但他的态度感染了我，我也冲他笑了。

"哦，好吧，原来是因为这个原因打不开，对吧？"

我们只当这是我自己闹的一个笑话。

因为我的愚蠢和鲁莽，"无懈可击"先生原本可以给我难堪，而他却没追究我的过错，选择了宽宏大量，还开了几句玩笑，帮我挽回面子。我俩共同创造了一个"顾客并不总是对的"故事。

不要自我标榜

按照定义，"诚实"就是在根本无人知晓的情况下仍做正确的事，不欺瞒，不徇私，不信口雌黄。也就是说，诚实行为都是在没有目击者的情况下发生的。你要是自己不说，谁也不知道你做了正确的事。诚实不是自我标榜。此外，不同的人对诚实有不同的见解。

我父亲是一名退休的联邦政府职员，他还是预备役陆军中校。对他来说，诚实就是上司叫他做什么，他就做什么。而对我来说，诚实意味着客户叫我做让我感觉不对劲儿的事，我必须说"不"。那种欺骗人的公司给我再多钱，我也不会为他们做宣传，讲述什么信任的故事。

价值观从来都不是一目了然的。正因如此，当你诚心想要构建强大的集体价值观来指导人们行为时，"行为价值观"的故事才至关重要。美国退伍军人事务部位于纽约，在该部举行的一次推行员工文明礼仪的活动中，吉姆·法鲁奇（Jim Falucci）以美国退伍军人事务部医院为例，跟他的职员分享了一个故事，讲述怎么成功改变了人们对在医院内吸烟行为的态度。吉姆说当时大家对在医院吸烟的人都是睁只眼闭只眼，没有谁明确说在这家医院可以吸烟，但大家默许了这种行为。改变是从电梯轿厢禁烟开始的。吉姆描述了他当时有多失望，因为只有他一个人愿意阻止那些叼着香烟进电梯的人。他说："现在可好了，别说在电梯里吸烟，有谁敢在医院大楼里吸烟都会引发众怒。"

吉姆讲的故事让大家注意到，仗义执言是可以导致行为改变的。他用吸烟来比喻不文明行为。正因为谁似乎都不愿厉声喝止不文明行为，这些行为才会在这家医院的某些角落里得到纵容，好似得到了人们的默许。

在你的组织中，带头抵制吸烟之类的不文明行为是需要勇气的，因为价值观往往会让你在眼前付出些代价。记得有一次，我让某位亲戚说话时别再用带种族歧视的字眼儿，结果大家本来聊得热火朝天，一下就冷场了。若只看眼前，我干这事明摆着是得罪人，但从长远看，我家人的文化意识增强了。在现实中，只有人们面对坚守价值观带来的真正惩罚，而仍愿意不懈地为之付出，价值观才会有所回报。这也是行为价值观的故事如此重要的原因。

一个宣称以尊重他人为价值观的组织，应该盛产那种在困境中依然不失尊重他人的故事。如果找不到有关尊重他人的故事，并不是说你不擅长搜罗故事，而可能是你的组织现阶段有比尊重他人更重要的其他价值观。我合作过的一家全球公司曾担心自己的"保健问题"——他们用这个比喻来形容自己的市场信任度较低。那时，这家公司在发现和开拓市场以及产品机会方面无可匹敌，堪称这世上最会做决策、最会抓机遇，也最会利用伙伴关系赚钱并扩大市场份额的公司。

有一年，他们要发布的新产品实在太多了，便称之为"昂首阔步年"。当时他们请我搜寻一个能彰显他们诚信的故事，而我却留意到他们的供应商、客户、合作伙伴讲的一些正在发生的事。这家公司所谓的快速、卓越、增长的价值观，让他们常常指责合作伙伴水平低，拖了他们后腿，所以会甩掉某些伙伴，或者怠慢他们。这家公司挖空心思追逐增长的做派，让合作伙伴和客户觉得特别不值得信赖，换句话说，他们的快速增长是以失去相互信任为代价的。

要考虑到文化价值观

　　每一种文化的价值观是不同的。想要融合两种文化，最好先从分享行为价值观的故事着手。不然，到头来你所说的"他们不值得信任"或"他们为人不诚实"，事实上只是他们对这些价值观的定义跟你不同而已。

　　文化交融过程中，既会激发创造力，也会产生误解。不过一旦你对各个群体的文化价值观有所了解，群体之间的矛盾便可能预先化解。你们可以花些时间来分享行为价值观的故事，让每个人都有机会表述自己的价值观，使之听起来有一定道理，又不会遭到来自截然不同文化背景的人的抨击，这样就能减少互不信任，从而激发出创造力。你去问一个美国人，如果目击了一起交通肇事逃逸事件是否会告发司机，他可能会说："会！"你认为所有人都会这么做，对吗？可在有些文化背景中并非如此。那里的目击者可能就会假装什么也没看见，如果那人是自己上司，更是如此，毕竟自己还有一大家子要养活呢。

　　人和人有了矛盾，那就给他们讲一个针对不同行为价值观的故事，由此许多激烈的争执都会平息。美国人的民族优越感让我们习惯性地认为自己国家的价值观才是合理的，而这可能会让我们倒霉。不是谁都相信早起的鸟儿有虫吃，也不是谁都认为你就该自我宣传。搬出价值观是为了在多重语义的环境中让某些东西变得清晰一些。

　　比如，如同许多价值观一样，信任也并非完全出于理性。信任意味着我落魄了你也不会离开我；还意味着我为你付出，日后你得回报我。信任看的是眼前结果，但也会看对方的初衷，以此决定是否给对方机会改正错误。一味依从客观推断未免过于教条，无法从各色人等中激发和培养信任。比如，一项砍掉某产品系列的决策哪怕再合理再明智，也会让该产品的经理对这项决策的制定过程和传达过程感到不快。

国际化经历对你有好处，这样你对自认为的理性思维就不会那么盲从了。如果你的经历只来自某一种文化背景，你会觉得有些结论放之四海而皆准。这样你就会忽略了价值观定义中的文化因素，如不同文化对诚实、信任、成功有不同的定义。在一个美国人看来，凡是好的薪酬制度理所应当奖励个人的付出；而这在一位日本经理眼中却是错的，他会同样坚定地认为，凡是好的薪酬制度都不应让个人功劳看上去超越整个集体。

练习：识别你的价值观

了解自己的价值观，觉得没有违背自己的准则，这不仅是良好的商业意识，对提升你的幸福感也至关重要。在搜罗故事之前，花点时间思考一下，写下四个最重要的指引你行为的价值观。它们会因时而异，比如在你人生的某一点，有些价值观会比其他价值观更为重要。（如果你不介意付费服务，可以登录 http://www.valuesperspectivesbook.com 网站做在线调查，网站会出一份报告，显示你当下最看重的价值观。）想象自己正面临多重选择，可是每个选项都不尽如人意。如果最终选择让你觉得自己是对的，那么十有八九你是基于某项价值观做了抉择。如果最终选择让你觉得不对劲，那么很可能违背了某项价值观，而它是你内心准则体系的一部分。

你的高光时刻

有段时期，我在我第二本书《安心说出危险真相》[⊖]基础上开设了一门培训引导师的课程，培训课采用正规形式，让临时集中起来的一群人展开对话，这样大家才会安心地说出心里话和"危险真相"。这类对话不适合心理脆弱的人参加。这门引导师课程限招 10 人，因为每位学员都要就人们在群体中"应该"如何表现以及"应该"如何引导表达看法，然后再整理归类，所以这是一个十分个人化的流程。

开课时间定在次年一月份，到十一月有 5 个人报名。我想这个班的人可能报不满了，但不管怎样我都会按计划开课。就在这时，电话响了，一家大型组织的代表问我还剩几个名额，我说还有 5 个。

他说："5 个我们全包了。"

这在当时似乎是个好消息，可我的良心却感到不安。之前已经报名的学员要么是个体老板，要么自己掏腰包。

㊀ 英文版 *A Safe Place for Dangerous Truths: Using Dialogue to Overcome Fear & Distrust at Work*，于 2006 年由 AMACOM 出版。——译者注

他们从事的行业也不同。如果你曾参加过某个课程，班里有一半人来自同一个单位，那你基本可以肯定小组讨论的例子都是这家组织在唱主角儿，因为班里多半是他们的人。我觉得这对一开始报名的那5个人不公平，此外，最初报名的人是自掏腰包付学费，而后报名的5个人的学费应该是从公司账上出的。

出于良心，我对那位代表说："我怕是不能从同一单位招5个人。这对小组的其他人不公平。这次我可以先招2个，另外3个人看看能不能在年底前想想其他办法，要不就让他们参加明年的课。"

电话那端的人沉吟良久。"你这是在跟我说'不'吗？你在拒绝别人报名？"

我竭力想跟他解释我的理由，但他丝毫听不进去，说："那我们一个也不报了。"

我说："你这样想，我很抱歉。"失去这个机会，我是很遗憾，但我觉得自己做了正确的事。

你对自我价值观的认识，要历经岁月，等它们经过考验后才逐渐明确。当你放弃某个更轻松、更便宜、更快捷却让你感觉不对的选项而另择其他，你的核心价值观也就自然呈现了。如果你的选项符合你认同的价值观，那么围绕抉择出现的各种瓜葛就是一个个精彩的例子，可以成为绝佳的行为价值观故事。

你的价值观已经历过千锤百炼，现在你要做的是从中挑一个例子，告诉大家哪一次你本可以让自己更轻松一些，但最终还是遵从了价值观。尊重、可靠、精确、值得信赖、富有同情心、制胜，每一次，你选的道路都是核心价值观为你指引的，哪怕这条路更艰难。将围绕事情发生的细枝末节一一道来，坦诚地告诉大家你在做决定时有没有纠结过，如果让人知道你差点儿不去做那件"正确的事"，故事会显得更真实。

你的狼狈时刻

坦率说，我没指望过教某海军基地的官兵们讲故事能带给我什么领悟。但事实证明我错了。我们军队吸纳了一些我们国家最优秀的儿女，并给了他们很多人自我磨砺的机会，若非如此，他们可能难以带着良好的品格走入社会。我要讲的这个故事里面还包含着一个故事，我想两个故事都讲，因为分开讲就不是那么回事了。这样一来，我还意外收获了一个良师的故事。

> 培训教室里坐了 60 个人，有男有女。这门课是公开报名的，它打破了一般的军队惯例，没有按照学员的军衔从高到低排座次，而是无论官大官小，统统坐在上高中时坐的那种连桌椅上。讲故事是一件人人平等的事。
>
> 午餐时间到了，学员们快速涌向船上的取餐处，只有一个男学员没挪地儿。之前我没怎么注意到他。他个头不高，但很结实，一头红发，脸上有雀斑。这种人的年龄很难说，说 14 岁或 40 岁都行。人走空了，屋子里只剩下我

们两个，我不知道他在等什么，我在等培训主管贝蒂·布鲁穆勒来接，我们准备一起去外面吃午饭。

我们往外走时，贝蒂看了那男的一眼，说："又到月底了，真够揪心的。"见我茫然不知所措，她继续说："他没钱了，午饭都没钱买，得到周末才发钱。这样子我也见怪不怪了。"

我回头瞥了一眼，那男的正望向窗外。

我和贝蒂坐进她宽敞的红色凯迪拉克（她很有派头的）找地方去吃些蔬菜和玉米饼。回来的路上，贝蒂二话不说把车开进福乐鸡（Chick-fil-A）餐厅的外卖窗口，在点三明治和饮料的空当还一直不停在跟我聊天，我想大概谁让她帮忙带餐吧。

回到基地，她陪我去培训教室。她径直走进去，将三明治和饮料放在旁边的一个桌上，冲着全屋人说："有人不长脑子帮我们点错了单，多给了一份三明治，我不想把它丢掉，我想你们这些小伙子可能有人想吃。"我说过，贝蒂很有派头。我去外面待了一分钟，回来时，"红毛儿""咕噜咕噜"已经快把饮料喝光了，桌上有一团纸，揉得皱皱巴巴，那是装三明治的食品袋。

我笑着叫学员们各自就绪，然后问他们谁愿讲个故事给大家听。"红毛儿""唰"地举起手，我请他上前，于是他讲了下面的故事。

"我参加海军是因为我钟情的姑娘参加了海军。当然，我后来也没再见过她。"他停顿了一下，听大家的笑声。"不过这也无所谓，因为在接下来的 14 年里，我大部分时间要么是醉醺醺的，要么是晕乎乎的。两年前，我自己主动去参加了一个治疗项目，那是我自己的决定。到现在我已经两年没碰过毒品和酒了。"

"我人变清醒后，意识到一件非常重要的事：我讨厌海军！"他停顿了好长时间，直到人们的笑声渐渐弱下去。"事实上，我讨厌一切权威。可我只要再熬几年就可以拿全额福利退伍了。等我退伍后，我会拼尽全力远离现在这种生活。但在那天来临之前，我想让你们每个人知道，只要我在这儿一天，你们就可以信我一天。让我去哪儿，我就去哪儿；让我什么时候去，我就什么时候去；让我干什么，我就干什么。"

整个房间的人情不自禁鼓起掌来。他坐回自己的位子上，有几个伙计还在他的背上拍了几下。坦白说出自己丢人现眼的事儿真的很难，但说出来，也就解脱了。在讲述这类故事时，你若承认曾做过违背自己价值观的事，大家会从心底发出赞叹，因为这需要非常非常谦卑才能做到。

我的建议是，不妨从自己已走过的某段人生旅程中搜寻一个故事。这件事得是你早就释怀了的，说起它你不再觉得丢脸。如果你还没原谅自己，或是还没完全释然，那就先别讲。人都说，时间久了，悲剧也成了喜剧。等到你自己对这事能一笑了之的时候，再来讲这种行为价值观的故事也不迟。

不妨从下列的情境中找些故事：你本该做正确的事，却出于某种原因没去做。我们每个人都有一些类似故事。故事是有力量的，但如果你不讲，这种力量就蛰伏着，发挥不出来。你可能会惊讶，为什么你讲了一个违背自己准则的故事，居然有那么多听众对你心存感念。这是因为大家看到你并没有破罐子破摔，而是表现出一种谦卑。我们哪个人不曾跌倒过呢？

一位良师

每人都应该有一个行为价值观的故事来阐释诚实对自己意味着什么。前面故事中的贝蒂就"教导"了我，让我看到诚实也可以表现为抓住一切机会展现自己的价值观，在贝蒂的例子中，她向我展现的是宽厚和善良。有一次，我为2000多名电子产品零售人员培训，我让他们自己结对子，给对方讲一个有关诚实的故事。我敢肯定他们讲的肯定比我讲的更符合自己的文化。他们做到了。其中有一个故事我特别喜欢，因为很"爷们儿"。

这种会我可参加得太多了，大多数这种会，就像这次在拉斯维加斯开的这个，周围都是赌场。我喜欢赌两把，可我不乐意输钱。所以我就跟我的老伙计杰克商议好了，风险我俩平摊。只要我俩一起去赌场，赢了我俩就对半分。这样玩起来更带劲，我们的胜算多了一倍。

昨晚，我俩去玩了21点纸牌游戏，还玩了一小会儿轮盘赌，我一直输，搞得我挺没劲的，就决定早点儿回屋睡觉，其实也不早了，都 1 点了。今天早上吃早餐的时候，杰克笑着向我走过来，嘴咧得像只柴郡猫。他把1500 块钱现钞甩在了我咖啡杯旁边。

我问他："搞什么名堂？"

他说："我们昨晚赢啦！3000 块，这是你那份儿。"

我对他说："伙计，这是你的钱，不是我的，我昨晚丢下你临阵脱逃了。"

他的脸皱巴在一起，好像我是疯子，说："说话得算话。"然后走开了。

瞧，这就是我心目中的诚实，杰克不一定非要分那笔钱给我，若换作我，我不敢保证自己当时是否也会像他那样，但我能保证从此后我肯定会。说话得算话嘛。

你的导师是如何教导你做正确的事的？你所处行业、文化、组织中的佼佼者是谁？如果你想影响自己群体之外的人，可以从听众的文化、历史和族群中选一位堪当导师的人物。但凡涉及价值观问题，千万别以为你的导师也可以充当别人的导师，这时多做些调研对你有好处。

如果听你讲故事的是你自己的家人、组织或文化群体，你只要找到这个群体最敬仰的人，就能搜寻到行为价值观的故事。从你个人的视角去打量你敬仰的人，以此发现你自己的行为价值观的例子。从你所敬仰的人的事迹中随意选一个自己喜欢的故事，然后解读这个故事蕴含的价值（价值观），这是一个很有趣的过程。

一本书、一部电影、一件时事

萨拉·劳伦斯 – 莱特福德（Sara Lawrence-Lightfoot）写过一本书叫《尊重》[注]，简直妙极了，讲的大都是在举止言谈中体现尊重的故事。其中，有个精彩的故事是关于詹妮弗·多恩（Jennifer Dohrn）的，她是南布朗克区诊所的一位助产护士。詹妮弗的故事最打动我的细节是她会盛装迎接每一个新生儿的诞生。当孩子就要降生时，詹妮弗会戴上自己最好的首饰，穿上漂亮衣服，精心化好妆。这样"小宝宝们从娘胎出来，第一眼便能看到人世的美好"。

我最早开始做演讲时，收到的评估表上有一些对我衣着的负面评价。大家说我穿着太随意，不够"职业化"。我不会把自己打扮得很妖冶，我穿得更像个老古板。那会儿电视里还没有《穿着大忌》这档节目，如果有，我很可能"荣登"那档节目。那会儿我觉得我"说什么"比我"打扮成什么样"更重要。

詹妮弗·多恩书里的故事让我明白了一点，从我的衣着打扮上，能看出我对他人的尊重程度。这些年来，我渐渐懂得，我可以通过无数微小细节来表达尊重，这远高于头头是道的理性思维方式。詹妮弗的故事特别讲到的是：关注符号性的细节是一种直观的沟通方式。

⊖　Sara Lawrence-Lightfoot, *Respect: An Exploration* (Reading, Mass.: Perseus, 2000).

一个婴儿怎么会知道詹妮弗有没有涂口红呢？詹妮弗的回答是，婴儿的母亲会注意到，婴儿的父亲和兄弟姐妹也会注意到，而后他们一举一动可能都向她看齐。詹妮弗用涂口红的行为做了个示范，这样一来，大家在抱婴儿时会更轻柔，还会多哄他们一会儿，甚至会暗下决心，一定要让家人过上更好的日子。

每一个人都很重要，詹妮弗深谙这点。她绘声绘色描述自己为新生儿精心打扮时的样子，分明是在表达她尊重所有人的生命，无论贵贱。我现在也像詹妮弗一样注重自己的穿着和妆容，这样人家一看就明白我对受邀为他们做培训或演讲感到特别荣幸，并且为自己能有机会聆听他们的故事不胜感激。

我认为，对待行为价值观故事也要像对待愿景故事一样，切忌把它们理想化。如果电影或书中的故事不让人相信，那么你根据它们改编的行为价值观故事也不会让人相信。

有时，简洁的情节概要也能表明一种价值。不要对电视剧嗤之以鼻，大多数人可能对卡通片《辛普森一家》⊖里的某个行为价值观故事更有切身感受。

⊖ 《辛普森一家》(The Simpsons) 是美国福克斯广播公司出品的一部动画情景喜剧，该剧通过展现一家五口的生活，对美国的文化与社会进行了幽默的嘲讽。——译者注

WHOEVER
TELLS
THE
BEST
STORY
WINS

第10章 『将心比心』的故事

工会代表来见经理，他们要一起解决某项申诉。进屋前，两人各自带着成见，却想当然地以为自己的思想是开放的，殊不知我们的思想根本不听指挥，它像哨兵一样保卫着自我利益。热情握手和灿烂微笑后面，隐藏的是不动声色的怀疑。"经理女士"可能暗忖工会派来的这家伙满脑子只有自己，但凡有点权力就耍威风，要不就是个刺儿头，想趁机捞一票。而"工会代表先生"则私下把"经理女士"当成一位坏到骨子里的母夜叉，就因为一点"婆婆妈妈的事儿"总跟他所代表的那位姑娘过不去。其实，他们双方是可以打破僵局并增加彼此好感的，只要讲一个"将心比心"的故事就行了。

工会先生可以讲讲"我父亲曾教导我滥用职权是什么"的事，而经理女士则可以说说自己做第一份工作时"表现得像个悍妇，现在想起来就后悔"的经历。这两个故事都有可能神奇地改变谈话气氛。"将心比心"的故事能打消对方还未说出口的反对意见，这样就不会形成对立，而且还能让对方感到自己仿佛有了知音。

理解的力量

人都渴望被理解。理解不会让你失去什么，却可能让对方做出实质性的让步。反之，想去影响一个人，却不愿理解对方的观点，那么你为此付出的时间、金钱和努力就得加倍。看过电视真人秀中夫妻互怼的人都明白，不能理解对方可以让矛盾升级。哪怕你觉得另一半的感受很莫名其妙，完全不是你"本想"让她感受的那样，你也不能再次跟她解释说她"应该"感受到什么，这样只会火上浇油。男人对女人说"你真莫名其妙"，女人对男人说"你真是个不开窍的呆子"，这些话都是在否定对方。

即使从严格意义上讲，你们说的跟真实情况完全相符（往往也是这样），也只会让事情变得更糟。但不可思议的是，如果男人当时说"我知道，我说你画画的那几句玩笑话，可能让你觉得是在讽刺你"，而女人回答"你说得也有道理，我画的男人，从结构上看是有些比例不协调"，那么二人之间就会缓和，就能做到少一些自我辩解，多一些坦诚交流了。

争论的产生很少因为双方就想争个"我对你错"，而更多是因为我们渴望被倾听、被尊重的需求长期未得到满足。这就是"将心比心"这类故事派用场的地方。这类故事能化解反对意见，让你向对方点头致意，表达尊重。

有个例子正好可以佐证这个观点，说的是我遇到的一位外科大夫，他感到特别懊丧，因为他想说服助手别把他的火暴脾气放在心上，可人家不买他账。这种情况并不鲜见，外科大夫需要强大的自我价值感才能在血肉之躯上动刀子，但自我价值感过于强大也可能被视为对他人缺乏尊重，结果许多外科大夫都发现助手并不如他们期待的那么得力。这位外科大夫忘了做一件事，即承认自己的助手与他一样心系患者安危。后来，他开始练习讲"将心比心"的故事，每当他将要进入"心无旁骛"的状态时，都会先跟大家打个招呼，表示他知道自己全神贯注起来会给人一种目空一切的感觉，但他内心觉得大家和他一样重要。他的故事充分肯定了自己的助手，将他们视为有血有肉的人，视为优秀的同事，这样一来，大家也就能忍受他精神高度集中的"副作用"了。

心有灵犀

"将心比心"的故事讲得好，可以让听众觉得你一直在了解他们，知道他们内心想什么。能够如此认真对待听众的观点，并且洞悉他们的想法，会增加他们对你的好感。

尽力去发现你的目标听众隐藏的疑虑。这其实不难做到。当你在大庭广众下欣然接受异议，敞开来探讨，这些异议往往就偃旗息鼓了。

在军队中，官阶和涉密权限之间有极为紧密的关联，二者常

常可以互通。涉密权限高的人，必定是要人；而身为要人，涉密
权限必定不低。我没有高级别的涉密权限，所以我估摸着我那些
军队系统的客户必定十分纳闷儿：这人到底有什么能耐和背景？
于是，我就把这个话题摆在大家面前公开讨论，重塑这个故事。

当时我正跟空军情报部合作，有个"大人物"非要我跟他们
一伙人共进晚餐。

他跟我说："我们得帮你弄个涉密许可认证。"

我说："别费那事。"

他惊得下巴都掉了下来，抬眼从眼镜上方打量我，好像我是
个毒贩还在哪儿藏匿了一具尸体，我解释道："你不会想给我涉密
许可的，因为我这人不靠谱。"

好吧，我本想逗逗他就算了，可这事着实有趣，我忍不住要
继续下去。于是不等他接茬儿，我接着说："为了准备这次课，我
做了一个黄色的大文件夹，还在上面贴了'空军情报部'的标签。
上周我带着这本黄文件夹去美容院做足部护理，我想可以边做边
读。谁知做完后，我起身就走了，把那本大文件夹落在了美容院，
我把它搁在其他读物的最上面。我总干这种事，我这人就是爱丢
三落四。"

接着我又解释说，我天生没有保守秘密的基因，有时我觉得
我写《安心说出危险真相》这本书只是为了减少一些自己想要保
守的秘密。不过，我跟他说，我坚信自己也正是因为这个"弱点"
才如此擅长干眼前这行，因为我会设计各种工具和方法来减少那
些不必要的、阻碍沟通的机密材料。"没有涉密许可，我对你们更

有价值。"我概括道。

我讲的故事使"要人"和"涉密权限"之间原本隐秘的关联显露了出来，并且在我自己心中解开了这二者缠绕已久的关系，我用它来证明它们并不是一回事。如果我事先说明，那我可能会失去自己的机会。

给故事搭框架

在构思"将心比心"的故事时，切记要组织好那些最能支撑你观点的素材，巧妙安排它们的先后顺序，这会让你更容易影响对方。比如为某个节食计划做广告，若没有减肥前的照片做对比，仅放一张减肥后的照片，这个节食计划就很难卖得动。我强烈推荐罗伯特·西奥迪尼（Robert Cialdini）的《影响力》[⊖]一书。全书我最喜欢的一个事例摘自一名大学新生写给父母的信。在信的开头她对父母说，自己的颅骨骨折正在痊愈，火灾也没什么大不了的，因为宿管员让她住在他那里，哦，还有，顺便说一句，他俩已经有了孩子，都快生了。然后，她在信的最后一段道出了实情：没有颅骨骨折，没有火灾，没有宿管员，也没有怀孕，不过她的化学成绩得了"D"，她只想让父母用平常心来看待这个糟糕的成绩。

用不同视角看同一封信中夹的 100 美元善款，你可以说这是一笔巨款，够养活一家人一年的；也可以说是一笔小钱，因为它

⊖ Robert Cialdini, *Influence: Science and Practice* (Boston: Allyn and Bacon, 2001).

只够买一个月的摩卡和拿铁咖啡。资金募集者为了加深人们对目标募资额的印象，通常会先提出一个高额募资选项，然后再提出一个数额低得多的第二选项，也就是目标募资额。某位捐资人如果对第一个请求说了"不"，便会觉得欠了人情，那么就更有可能对第二选项说"是"。孩子们很早就学会了这套把戏，他们先是问："妈妈，我能和比利一起骑车去看枪展吗？"当请求被一口否决，他们马上就问："那我能叫比利来家里玩吗？"听上去像是在谈条件。

练习：留心别人在想什么

去关注那些潜藏的反对意见背后的积极用意。尤其对某些一心与你做对，令你有抵触想法的听众，你要深入探寻他们出于何种积极用意反对你，然后用一个故事向他们的良好意图表示敬意，这样可以拓宽他们的现有认识，反思一下他们反对的到底是什么。千万不要对别人的提醒掉以轻心，而要先理解对方的意见，然后再继续。

你的高光时刻

身为一名引导师，我常常会遇到某个群体，他们之前跟"引导师那类人"打交道时留下了不好的印象。我们双方感觉都不好。即便是再聪明开朗的一群人，把两天时间交给一个陌生人，由他来引导（控制）自己的课程进度和安排，他们也会有所戒备。我有时会以下面这个故事开场。

　　那次是在阿斯彭景区（Aspen），有位客户为我做了我最喜欢的一次开场介绍。那天我面对的是一群头脑灵活、事业有成的高管，大家聚在一起连工作带玩要度过一个周末。引介我的女士说："这位是安妮特，我向你们保证，她不会摇铃。"

　　大家鼓起掌来。我知道她的话里有话，背后肯定有个好故事。于是，他们跟我讲了最近的一次高管度假会，那次他们的引导师是一个长衣飘飘但有点神神叨叨的女士，她用摇铃提示大家课间休息结束。这帮家伙回座位时可能有些拖拖拉拉，所以我猜想那位"摇铃女士"或许是用铃铛发泄一下自己小小的消极抵抗情绪。后来又到了休息时间，有人"绑架"了她的摇铃，还留下一封"勒索条"。他们觉得那次度假最有意思的就是那几张"勒索条"，以及他们让"摇铃女士"少搞些神神叨叨的名堂的事。

　　听到这些，我向他们保证，我不会摇铃，不会忽悠大家，不会让大家手拉手，也不会让他们唱儿童夏令营必唱的《空巴亚》。我向他们保证，任何有关情感的讨论都与某个商业应用场景有关。

你的狼狈时刻

　　"将心比心"的故事在教领导力课的时候最能派上用场。最近

我给欧洲一个女性群体上过一次课，课上，她们大概觉得我直截
了当的美式做派有些武断，于是我就给她们讲了个故事。

> 我上小学时，特别爱发号施令，因为那让我感到自己
> 很了不起，我这人天生就霸道。上六年级时，我获得了一
> 枚小小治安员徽章，任务是在下雨天的课间看顾一年级同
> 学，这样一年级的老师可以稍稍歇口气。为了让他们（或
> 我自己）开心，我教他们伴着军乐列队行进。我没在编故
> 事。谁参加，我就给谁发奖，是薄荷糖。当时我就是一
> 个小魔头。结果，善良的孩子把糖分给了那些没参加的孩
> 子，我的奖励机制因为无人配合一下就瓦解了。这事让我
> 懂得，合作是强制不来的。

多年之后，作为一个成年人，我能够把这个故事讲出来，而
且认识到自己的武断可能会引起她们担忧，与此同时，我也让她
们放宽心，我并不赞同那种"命令加控制型"的领导作风。我跟
她们说，如果我讲得太快或妄下推论，她们可以直接给我指出来。

一位良师

> 在我做过的事中，教美国国际开发署（USAID）的员
> 工讲故事是我最喜欢的一次经历。单靠这个组织的人就能
> 帮美国赢回人们之前对它的热爱和欣赏，前提是让这个世
> 界能听到他们的故事。

他们是我此生有幸结识的最聪明、最热衷奉献的人。他们大多会说多种语言，在多种文化环境中生活过，并且拥有各种高难学科的博士学位。然而，我要跟你们讲的故事却是五味杂陈，这些故事是我特别为美国国际开发署的员工准备的，因为他们对自己十分严苛。有时聪明且卓有成就的人只有学会放自己一马，才可能成为更好的领导者。

我结交甚久的一位女士，有着难得一遇的美貌和口才，她就在美国国际开发署工作。她的做派就像遗传自非洲那些皇后，一举一动俨然她们的后裔。在底特律贫民区的成长经历并没让她认命，她拿到了研究生学位后加入了驻外服务处。大部分时间她都驻扎在非洲，她的上一个工作地点是尼日利亚，也是下面这个故事发生的地方。

她的故事是这样开场的：

我把八岁的女儿送进尼日利亚当地一所公立学校上学。校方邀我加入学校董事会，我欣然接受了。可他们还想让我当主席，我就拒绝了。我说，主席不应该让一个外籍人士当，而是应由尼日利亚人来当。我积极推荐一位尼日利亚女士当这个主席，她是个与众不同的人，是教育学博士，在社区也很活跃。当然，我也听到一些提醒，说这位女士性格有问题，但我认为这不重要，让尼日利亚公民担任校董事会主席这件事才是更重要的。

（讲到这里，她沉吟良久，然后说了一句话，为这个故事接下来的发展埋了个伏笔，她说："当时她看上去真的很胜任这个角色。")

等到我们一起开会时，我发现问题来了。这位女士盛气凌人、固执己见、粗鲁无礼，而且凡事都得听她的。她根本不知道该怎么主持会议。会议拖得时间很长，好不容易开完了，到了晚上每个董事都给我打一通电话控诉她，希望我能做点什么。这事已经搅扰了我的生活，最后我终于答应了。我告诉他们，只要他们肯挺我，下次开会我会跟她说。

又开会了，那位女士还是老一套。她打断别人说话，催大家草草通过她的日程计划。这时，我问她，我能否对会议流程说两句，她就让我讲了，然后直到今天我都不知道当时到底是怎么了。我只记得自己完全失控了，我带着地狱之火般的愤怒斥责她，我骂遍了所有能骂的话，就差骂上帝怎么造的她了。我不记得自己骂了多长时间，当我回过神来，我猛然发现周围的人都瞠目结舌地看着我。

我说："我想我该走了。"说完我赶紧走了。

回到家后，我坐下来，开始思忖："我到底干了什么？"这让我惊恐万分。大概过了不到一小时，我知道自己该做什么了。我开始按顺序给每位董事打电话致歉。第二天，我又亲自找到那位女士向她道歉。她对我不冷不热，但我还是不失风度。

我在讲这个故事的时候，其实也是在讲我自己。我一心扑在事情上，有时就会对人不耐烦。我脾气不好，如果能做外科手术把它除掉，我巴不得这么做。但看样子它要赖上我了，所以我就得提前跟人赔不是。长期在一个单位工作，我保证不了自己永远不"发脾气"，但我保证会尽快改正并跟大家说"对不起"。

你可以从自己过去的经历、历史事件，或者最好从你目标听众经历过的事中找一起类似事件，然后做些研究，看看现有问题是不是在某种文化背景或某个单位中一而再、再而三地出现。

一本书、一部电影、一件时事

在业主委员会干过的人都有体会，一些鸡毛蒜皮的小事能把心智健全的人逼疯。在我以前住的那一带就爆发过这样的疯狂，导火索是有人动议将我们这里 19 世纪 20 年代的一块地方重新划为历史遗迹街区。那里的街坊邻居形形色色，本来都很和睦。有很多本地大学的教授住在这里，有些人的前院放着奇形怪状的雕塑，有两户人家觉得一直挂着圣诞彩灯能让他们一年到头都有机会展示自己，还有几户邻居前院没种草坪，保留着生生不息的自然生态系统。我们可能不喜欢邻居的房子刷的颜色，但会誓死捍卫他按自己喜好的颜色粉刷房屋的权利。

我们这些邻居"和而不同"地相处多年后，一位年轻律师搬了来，很快便被选为我们这一带的业委会会长，他不惜动用自己的一切权利推行重新划区，我称之为"歇斯底里街区"时代[⊖]。随

⊖ 英文 historical 和 hysterical 发音相近，前者意思是"历史的"，后者意思是"歇斯底里的"。——译者注

后发生的矛盾让邻居间反目成仇。有人把自己家刷成紫色和粉色以示抗议。拖延扯皮的会议，言辞愤怒的信件，百家宴和南瓜派对没有了，取而代之的是打压"对立面"的密谋。我因为一项违规行为被要求在业委会会议上发言，然后我就讲了一个"将心比心"的故事。

　　我们都是北卡罗来纳人，所以我猜各位都看过一两集《安迪·格里菲斯秀》(*Andy Griffith Show*) [⊖]。这段日子我们邻里不和，让我想起那部电视剧里有一集的情节。你们还记不记得有一集，"多事精"警员巴尼整理卷宗时发现了一个尚未了结的案子？那个案子指控理发师弗洛伊德攻击他人。很难想象弗洛伊德这么一个连说话都不敢大声的人会去攻击别人，所以，巴尼非要查个水落石出不可，然后他大步流星走进那个理发店。

　　盘问了一轮又一轮，巴尼声称弗洛伊德曾给过查理·弗利脸上一拳，可他俩都不记得当时的经过了，直到巴尼穷追不舍的盘问又挑起了过去的矛盾，燃起大家的怒火。

　　安迪拼命劝巴尼放下这件事，但是覆水难收。当天下午，弗洛伊德两眼乌青走进警察局，身后跟着一长串梅博

里的居民，一个个都两眼乌青，所有人都要因攻击行为立案。这一集演的是典型的"巴尼式骚乱"，而这与我们邻里近期的状况很相似。

在座的各位都对工作尽责，对邻里尽心，对此我表示感谢。但我希望大家能反思一下最近出现的一些头脑发热的行为——强制执行规则，寻求法律诉讼。我认为邻里和睦和房产价值一样重要，我想请大家稍微动动脑子，想想如果安迪处于这种情况下会怎么做。

屋子里那个像"巴尼"的人只能用困惑的眼神斜睨着我，等我话音一落，他的嘴里便开始嘟嘟囔囔。但我的目标听众是屋子里的"安迪们"，他们的天性就是息事宁人，而不是惹是生非。听我讲完，他们都看到我们身边的"巴尼"已经做得太过分了。

不到一年，"巴尼"就不再当会长了，取代他的是"安迪"，一位温和得多，也睿智得多的人。第二年的十月，我们还开了一个南瓜派对呢。

WHOEVER
TELLS
THE
BEST
STORY
WINS

第 三 部 分

向故事高手进阶

WHOEVER
TELLS
THE
BEST
STORY
WINS

第11章

感官细节描述
带来感同身受

在故事中，我会用感官体验，像搭积木那样搭出场景、人物、事件和结局。我会用这些"积木"讲一个我见到的故事，她像是无家可归，穿的罩的破破烂烂，站在街边。她没向人乞讨，而是在兜售戒指和手帕之类的小玩意儿。你知道下雪是什么样子，也见过穷苦老妇人，还见过大城市里流离失所的人。若是你还看过电影《日瓦戈医生》（1965年），那么你可能还会用火车做背景。类似这样的感官认知都是搭建故事的积木，当我讲述下面这个故事时，它们就能派上用场：

在某些国家，许多老年妇女是没有社会保障的（现在，加入更多感官素材让故事更具体）：在我的记忆里刻着一个女人的影子，她站在冰冷的雨中，使劲儿挺直身板想保留自己的体面。她的外套里面是

一件钩花毛衣。可那件毛衣太单薄了，不会很暖和，而且
衣服上的水钻纽扣也只剩一枚了。我走上前去，想问她买
块手帕，却发现她的眼神比我想的要刚毅得多。

现在真正的编撰开始了。我用补充的感官细节在脑海中形成
画面之后，就可以精挑细选更多与她的形象有关的细节，用它们
来挑起你焦虑、失望、同情和不安的情绪。

一个美国民主党这时可以接下来说，社会保障对一个自由市
场经济体至关重要，否则有些人就会被忽视，失去兜底的安全网。
而一个共和党的人或许可以借机强调，多年以来，政府补助变得
越来越庞大，以致不堪重负，而民众却被惯得只会靠政府，既无
谋生本领，也无积蓄供自己养老。

所有故事都可以编撰。每个故事都代表了人们的主观选
择——决定采用哪些细节，剔除哪些细节。如果你想让自己的听
众得出和你一样的结论，你就得借助细微的感官体验创作一个故
事，从中提炼出你想与听众分享的见解。

感官联想：百发百中

"都市传说"展现的一系列情感联想虽然纯属虚构，却能教
我们一些东西。这些"故事"有哪些共同点呢？美国国家航空航

㊀ 泛指在都市坊间广为流传的故事，尤其指某些基于真实事例经过渲染的恐怖惊悚
类型的故事。——译者注

天局（NASA）的太空试验，诺查丹马斯（Nostradamus）预言
"9·11"恐怖袭击事件，马桶座下的蜘蛛，比尔·盖茨分家产，
还有最离谱的，年幼的癌症患者需要你伸出援手。所有这些都会
让人产生强烈的感官联想和强烈的情绪，它们会瞬时淹没理性推
断。当人们第一次听说"有人在拉斯维加斯的一个放满冰块的浴
缸中醒来，发现自己的肾脏被人偷偷摘走"的故事，他们简直就
像感受到了浴缸中冰块刺骨的寒气，恍惚中仿佛还看到了那张写
着让他们给医院打电话的字条。陌生人给酒店的房客下了迷幻药，
而后摘走房客的肾脏——人们的大脑额叶还没来得及判断这事是
否靠谱呢，想象力就抢先一步，占领了人们的感受。

"马桶座下的蜘蛛"这个故事尤其有意思，这是一个靠触发人
的生理反应使故事传播开来的好例子。编这套瞎话的作者动用的
感官细节如此逼真，让理性思考甘拜下风。叮咬事件"发生"在
一家叫橄榄园的餐厅（很具体，这个地方哪怕你从未去过，但你
感觉好像听说过），咬人的是一只双纹多彩纽蛛（波氏菲蛛）（这种
听上去颇有科学色彩的名字营造出一种真实感）。还有一则让人信
以为真的旧闻为故事提供了可靠的背景素材，说的是多名顾客在
同一家餐馆用餐后产生不良反应，不久便接二连三离世了。死者
中有一位是来自杰克逊维尔市的律师，之前去过印度尼西亚（熟
悉的细节激发出想象中的视觉画面：律师、杰克逊维尔市、印度
尼西亚）。他最终死于右臀的穿刺伤。这个故事吸引你的大脑将一
些关键点联结起来：嘿！蜘蛛肯定是藏在那人的裤子里的，咬完
他，然后趁他去餐馆洗手间上厕所的时候爬到了马桶座下面。要

我猜，乍一读到那封邮件的人右边屁股的肌肉都会一紧，就像要躲开一只想象中的蜘蛛的叮咬。一旦某个故事触发了听众身体的生理感受，同时伴有强烈的情绪体验，那么这个故事就有了极强的黏着力。

有一位我敬佩的人，他深谙如何动用故事的威力将数字变得活灵活现。受众分析和高级概念模型当然也是很重要的工具，但是这些抽象的东西告诉不了你什么样的感官体验才能引发人们的想法和情绪。经济学家史蒂芬·列维特（Steven Levitt）所著的《魔鬼经济学》一书中充满了利用情感联想的故事（例如"为什么毒贩要和自己母亲住在一起"和"房产中介怎么就像三K党似的"），列维特用这种方法将他的数字变成了能够在读者脑海中轻松形成的生动画面。[⊖]

列维特是刺激感官和撩拨情绪的大师，无论提问还是作答，他都会用上这些招数。我曾在一次建筑行业的会议上听过他发言。听他本人亲口讲故事可比读他书里写的故事带劲儿。他用了一个我前面称为"将心比心"的故事开场，这个故事抛出了一个绝对"有声有色"能刺激人感官的诱饵——放屁。来看看他是如何用生动而具体的细节来让故事吸引人的。

经济学家在最近做的一项调查中问道："一名经济学家最重要的本领是什么？"70% 的人答道"精通数学"，只

⊖　Steven Levitt and Stephen Dubner, *Freakonomics: A Rogue Economist Explores the Hidden Side of Everything* (New York: HarperCollins, 2005).

有2%的人回答说"善于将经济学知识应用于实践"。(停顿一下,等笑声过)

我数学不怎么行,可最近我去参加高中同学聚会,我的数学老师德雷克赛尔先生居然还记得我的名字。

他说:"你就是那个微积分考2分的吧?"

我只好说:"是。"

明摆着的,我是他教过的所有学生中考分最低的……有史以来最低的,满分5分,我只得了2分。所以他才会记得我。

我进麻省理工学院后,第一次上数学课时曾向一位同学求教,我问他:"喂,花体字母d和正写字母d有什么不一样?"[注]

那家伙直愣愣瞪着我,一脸同情地说:"兄弟,你这麻烦可大了。"

我和同学们之间的差距太大了,根本别想赶上他们。我便琢磨自己该怎么办,这时我想起我父亲曾跟我讲的一个故事,说他当年上医学院时很不受导师待见,显然他的天资也不是多么出众。他导师跟他说:"列维特,你在医学研究领域没什么天分,现在你面前有两条路:你可以选择最热门的领域做研究,拼命从一大群人中杀出一条路;

[注] 花体"d"在微积分里意思是偏微分,正体d指的是全微分,列维特这里没说微分,是因为他完全不知道d是微分的缩写,所以他同学就知道他几乎不懂微积分,麻烦大了。——译者注

或者，你可以找个无人问津的领域，独领风骚。"

听完这番话，我父亲毅然决定从此专攻肠道气体学领域，最后他成了知名的"屁王"。我把他的话牢记在心里，开始寻找适合我的领域。《魔鬼经济学》之于传统经济学，就像是肠道气体学之于正统医学一样。

列维特一上来就提到一个我们大多数人共有的感官记忆——高中数学课。听众的记忆中会闪过他们高中时某堂数学课的场景，这是在座所有人肯定都经历过的。我想起自己的数学老师杰克逊先生（你也可以想想自己的数学老师）。列维特的故事十分讨巧，而且他用故事先发制人，打消了人们对他的预期，让他们别再指望他会表现得像个数学天才。他所创立的自成一派的反数学的经济模型确实比那些学究气的模型更有趣，甚至可能更高级。列维特将自己的父亲描述成"屁王"，这调动了我们往日的情绪、视觉、听觉和嗅觉感知，唤醒了我们尘封的记忆，儿时一听到放屁之类的话我们就想偷偷地笑。列维特用这个简单的故事激活了听众的想象，他表达了自己的观点，并且将听众的预期引向他打算讲的内容。一旦你能让听众与你自己想传递的内容同频共振，那么满足他们的期待就易如反掌了。

列维特跟人打的交道与他跟数字打的交道一样多，甚至有过之而无不及。他是一个非常接地气的人，他满怀好奇去打探他人的真实生活，由此收获了各种故事，如此一来，当他需要解释某个概念时，就能从脑子里信手拈来一个故事做例子。那些不敢于迈出去探索世界的人是不会有很多故事可讲的。

体验是感官上的事

受众分析和高级概念模型都是十分重要的工具，但是掌握分析对象的数据（数字化的抽象概念）并不会让你同受众有很多共情，你也就无法辨识他们细致的感官体验，因而也带不来新的感悟。讲故事时，要用我们感受世界的五个最基本的渠道——嗅觉、味觉、听觉、触觉、视觉——来模拟出打动人的体验。没错，如果你在一个波动很大的市场买进了股票，哪怕单看数字也会让你的情绪像坐过山车一样大起大落，但这不是数字所致，而只是因为你将联想中的现实与忽高忽低的股价联系在了一起：豪车与二手破车的对比，香槟与啤酒的对比，退休后徜徉在高尔夫球场的画面与八十高龄在商场当保安的画面对比。这是数字在身体状态、精神状态、现实环境方面所隐含的意义，它们刺激到了人的情绪。

身体力行做调研

只是单纯地调查目标受众的年龄层和习惯还不够，你得关上电脑，把市场调查表搁在一边，走出去与你想影响的人面对面交流，这样才能找到故事。

如果你想激活自己的想象，让新创意不断迸发，就得让身体和感官参与进来。你的大脑渴望的是貌似明确、实则空洞的数据，而你的身体能从图像、声音、气味、味道和触感中激活想象。

　　在现实生活中亲身体会数据背后的意义，能为你的故事增添细节，从而为你的听众带来一种感同身受的体验。你不妨走进对方生活的环境中，用你感受到的一些细枝末节告诉对方，你的所见与他们的所见相同，这样你就为彼此创建了共同的立场。身体力行的调研可以为你的故事增添真实性和新想法，让你的故事更接地气，也更令人信服。

　　威廉姆·泰勒（William C. Taylor）曾在《纽约时报》上撰文，大致描述了那种能挖掘到故事的调研是怎么做的。⊖一家叫"第二曲线资本"的专门从事银行和金融服务类股票的对冲基金公司，派员工、分析师、合规官、电脑怪咖、前台接待走上街头，针对银行和证券等金融服务类公司展开实地调研。为了采集银行或其他金融机构的客户的真实体验，他们为这次"门市调查"配备了数码相机、音响设备，还有"唰唰"响的百元新票子。第二曲线资本公司的 CEO 汤姆·布朗（Tom Brown）最津津乐道的是他在美国大通银行开户的经历，当时，他对大通银行的柜员说自己是从花旗银行转过来的客户。

　　大通银行的柜员说："我真搞不懂你居然想转户到我们这里，我自己的账户还在花旗银行呢。"

　　布朗后来说："公司犯的最大错误是只看平均值，开一个账户的平均时长是多少？客户平均满意度是多少？平均值反映出的东

⊖　William C. Taylor, "Get Out of That Rut and into the Shower", *New York Times*, August 13, 2006.

西和它隐藏的东西一样多。"

我们在探索讲故事的艺术时会发现，很多真相都隐藏在平均值和数字背后。只有全身心投入去做调研，才能带来切身体验，也才能产出有声有色的故事。无论你是为了深入了解听众，然后影响他们，还是对未来的行动进行评估，最佳调研方式都是不带任何成见，一头扎进现实生活中。

我在尼日利亚，曾有机会请当地妇女讲述她们心中有关力量的"故事"。我先给她们讲了一个有关"拉格内尔女士"⊖（Lady Ragnell）的英国民间传说。这个故事在结尾部分回答了谜题："女人到底想要什么？"它给出的答案是："她们想要主宰自己的命运。"然后我请在场的女性每人给我讲一个故事，说说最近一次让她们感到自己很有力量的事。有位女性说，她的私房钱很宽裕，所以不必征求丈夫同意就可以借给侄子 200 块钱。另一位女性说，她要求一位傲慢自负的医生重新给邻居家孩子检查溃烂化脓的腿伤，结果那位医生取出了他留在孩子腿里的玻璃碴子。

那些想不出来自己企业文化或客户有什么故事的人，都是因为宅在办公室的时间太长了。

别总躲在调研问卷夹板后面，去某个糖尿病高发社区待上一周，你一准儿会质疑"科普宣传册将改善人们的饮食习惯"或许

⊖ 来源于十五世纪末的传说《加温爵士与拉格内尔女士的婚礼》（*The Wedding of Sir Gawain and Dame Ragnell*），传说中拉格内尔是一名令人生厌的丑陋女巫，她说服亚瑟王将自己许给英俊守信的骑士加温（Gawain），以此来拯救亚瑟王的性命。她还给加温出了一个谜题："女人最想要什么？"加温在新婚之夜答对了她的谜题——"自主权"，并给她主宰自己命运的权利，拉格内尔由此解除了继母在她身上施下的诅咒，成为全英格兰"最美丽的女士"。——译者注

就是个错误假设。所有搞营养学的人不想承认也得承认，这些小册子压根儿没人看，它们对改善人们饮食习惯也没有一丁点儿作用。如果所有医学研究人员都曾和自己专业领域的"对口人群"共同生活一周乃至更久，那么我们就能看到更多创新点子和精彩的故事，至于那些研究肠道气体的人，我们对他们就更是敬佩有加了。

我们做调研，通常都是基于一些易于单个分开的因素，而不是基于最可能改变行为的因素。殊不知因担心主观的论点会将调研"带偏"而将其排除在外，将导致真正驱动人们行为的主观语境（subjective context）在研究结果中荡然无存。基于证据的调研也许是精确的，却失去了有创意的构想，这些构想只有在亲自观察人们的实际行为后才会萌发。

身体力行的调研少不了冒险，它会拆穿人们奉若圭臬的假设，揭露逻辑的漏洞，推翻象牙塔。有时，故事还会让我们以退为进。在第 12 章中，我将探讨在讲故事时如实披露眼前的困境，而非极力粉饰可能遭遇到的一些阻力。

与此同时，你可以利用熟悉的经历和感受（即你亲身体验过的）来进行练习，在你的故事中制造一些可感知的因素。如果一个故事连你自己都打动不了，那它很可能也打动不了旁人。

练习：制造可感知因素

在你的脑海里练习如何制造可感知的因素，能帮你深入了解语言是如何激活大脑感知区域的。

为了触发感官知觉，让听众感受到你的故事就像现实生活中亲历的，你可以想象眼前有一块砧板，砧板上放着一只新鲜多汁的柠檬，窗外射进来的阳光暖暖地照在柠檬上。你闻到了柠檬皮的油散发出的味道。想象自己手握一把锋利的刀，手起刀落，柠檬被切成两半。你看到两半柠檬滚落开来，溅出的柠檬汁液散成小珠子，然后又慢慢汇聚成一汪柠檬汁。现在你闻到了柠檬汁的味道，也闻到了柠檬皮的味道。你拿起半个柠檬，再从中间切一刀，然后拿起四分之一个柠檬，塞进嘴里。你一口咬下去，用双唇裹住它，做出一个大大的"黄颜色"的微笑，任柠檬汁肆意流淌，一直流到了你的下巴上。

怎么样？你有没有感觉到唾液腺在分泌什么？你流口水了吗？这是因为你的想象让你觉得眼前真有一个柠檬。这就是故事的作用原理。它通过激活想象的力量来模拟出真实的体验。

你的目标就是讲一个能激活听众想象的故事，让他们通过想象，看到、听到、闻到、触到、尝到你的故事，仿佛这事真的正在发生。这就叫栩栩如生。如果做到了，你的故事会深深刻在他们的脑海，宛如他们的亲身经历。

针对五种感官各列出一串生动的、能刺激情绪的描述，这可以让你的故事俘获人心。你可能不会用到所列的全部细节，但这种练习会时时让你的故事在脑海中变得更鲜活。讲故事的时候想象这些细节，有助于你再一次身临其境，体验故事里发生的事。如果你看不到这个故事在自己眼前活灵活现地展开，别人也不会看到。

　　但是，如果你能看到、听到、闻到、触到、尝到自己的故事，好像它此时此刻正在发生，那么你的大脑就会发挥神奇的作用，调动你的语气、面部表情、身体动作、手势、节奏和措辞，在听众的想象中搭建出场景。当你在脑海里重温故事的景象、声音、味道、气味和触感时，你的语调、姿势、表情和节奏就会像涓涓细流，自由自在地流淌出来。

WHOEVER
TELLS
THE
BEST
STORY
WINS

第12章
精炼的馈赠

精炼是需要花费很多时间和精力的，我在写这一章时就是如此。歌德有一次在给友人的信中写道："如果时间再充裕些，我这封信会更短。"

首先，让我们找出破坏精炼的根源有哪些。精炼的反面是废话连篇、单调沉闷、絮絮叨叨，或是其他一些令听众不胜其烦的表达方式。之所以会出现这类情况，是因为你还没开始讲故事，就把能预料到的、能避免的问题都一股脑儿消灭了。与此同时，为了追求"金句名言"和"电梯演讲"那种完美效果，你还过多或过早地对故事进行剪辑，而这难免会"修剪"过度，削弱故事的感染力。

你要讲的是哪个故事

想要精炼，你必须根据自己的判断，确定当下最关键的问题什么，然后挑选故事素材进行剪辑。而若要相信自己的判断，你得先相信自己的听众。当你面对多个最能体现"你是谁"和"你为何在此"的故事而无所适从时，你就清楚这种选择有多难了。如何挑选一个故事让自己的演讲能产生最强效果，这可是一个严谨的流程。不过一旦你处理好价值观冲突和隐藏的两难困境，把故事剪辑得简洁凝练就没那么难了。

我曾去医院探望过一位故交，他和太太靠做健身器材生意过上了优渥的生活。后来他被检查出得了帕金森综合征，他们便把生意变卖了。他成天被困在轮椅上，可他太太却想装作万事太平的样子。她想压缩丈夫的居家照护费；她认为他不需要司机，真需要的时候，她自己能开车；她还时常对丈夫总买新手机的事愤愤不平，觉得他但凡当心点，手机也不会摔坏。我坐在老朋友床边的椅子上，脑子里翻腾着我对他所面临问题的各种解决方案，但这些说来说去都是"**我的**"方案。

即使你不曾有过我这种经历，总有一天你也会"坐在这把椅子里"，你爱的人，或是为你做事的人受到不公待遇，可你却无法替他们摆平，能解决这个问题的只有他们自己。

这与精炼有什么关系呢？因为"哀其不幸，怒其不争"这一对矛盾会让你们的谈话陷入一种画圈式的死循环。这些圈圈在原地打转，永远停不下来。你刚给对方出个新主意，对方就用"你说得很在理，可是……"这种句式给否了，于是你又开始同情他，而这又引得对方给你举出更多无可奈何的事例，这些不幸使得你又想给对方再出新的主意，而后你又被拽回"你说得很在

理，可是……"的循环里。其实只要自愿认定一种选择比另一种
选择更有价值，那么你就能清楚地看出这种讨论是个永无休止的
循环。

其实，我当时就在想："你该随时配备三个手机才是啊，因为
你总会把它们全都摔坏的。看在上帝的份儿上，你可是得帕金森
综合征的人啊。"

但是他的抑郁情绪令我不敢造次，我小心翼翼将我想说的搁
在一边，挑了一个合他心意的故事。我没有"哀其不幸"，而是
"怒其不争"，没承想做出这个选择后，我想要的两个效果都达到
了。以下是我对他讲的故事：

　　一家律师事务所请我去教他们讲故事，有位年轻女律
师讲了一个她父亲的故事。她父亲曾是一位很有名的诉讼
律师，人们说他"发明了强硬的诉讼手段"，但在做父亲
这件事上他却不怎么行。有天晚上，她像所有正常的 15
岁孩子一样在自己房间里煲电话粥，她父亲突然就闯进
来，一把夺过电话，摔在了地上，还训她说，他刚才往家
里拨了 30 分钟电话都没拨通，说完，又对她咆哮了一通，
而且规定她以后打电话最长不得超过 10 分钟，然后怒气
冲冲摔门而去。这位女律师说的时候，我们可以看到她脸
上掠过一丝受伤的表情。

　　接着，她又笑了，继续说道："两周后，电话公司的
车停到我家门口，他们来为我装一条我私人的电话线。是

我叫他们来的，我用的是自己替人照看孩子挣的钱。瞧，问题解决了。"

　　你能感受到这个故事有多精炼吗？它不像在教堂做礼拜时启应祷文那样，给你来一长串正向思考的说教；它也没说"亲爱的，你好可怜啊"之类的体己话，但这两个作用它都起到了。讲完这个故事，我对老友说："一个 15 岁孩子都能做到的，你也能。"然后我就默不作声了。要言不烦，说太多会冲淡故事的感染力，接下来该轮到他说了。然后，我看到我的故事开始起作用了。

　　他先是痛哭流涕，诉说他太太一直都没能适应他们新的生活现实。说完之后，我这位老友向上一挥拳，说："我不只是要再弄个电话，我自己也要换个新面貌！"

欲速则不达

　　你最好弄清关键问题出在哪儿之后，再追求精炼。如果一开始就追求精炼，想寻求"金句名言"或"电梯演讲"那种效果，你难免会想："我才没空儿去琢磨'我是谁''我为何在此''我最看重的价值观'这些没用的东西。"反正到最后还不是要砍掉大部分内容？或许是这样。但是，从一道美味的肉汤里把蔬菜挑出来，蔬菜的美味还是会留在汤里的。

　　在上一章中，我让你尽量多找一些感官信息，哪怕用不上也没关系。在这一章，我希望你能问一些深刻的、有意义的问题，哪怕你讲故事的时候永远都不会直接提到它们。这个建议并不相互矛盾，因为这就像一个精馏过程。在此过程中，你遵循某个特定步骤，将错综复杂的问题和广泛的趣味点提炼成一个有感染力的故事。你为此在深度和广度上投入的时间和精力会让你的故事焕发光芒，使其变得耀眼、凝练、精悍。这就像把 30 瓦的灯泡换成 100 瓦的，两个灯泡大小一样，但你开灯后过三分钟试试看，会有一盏灯比另一盏光线更强，光照的范围也更大。

优秀的艺术家和作家为找到某种精湛的表现形式或是某个一语道尽天下事的句子，会不惜投入大量工夫。毕加索早期的素描作品带有浓重的现实主义色彩，堪比摄影作品。然而，他晚期的代表作却摒弃了现实主义的成分，精馏出一种极为浓缩的、本质上的东西，每一幅画作都能表现出无数层面的人生经历。他画的《格尔尼卡》（*Guernica*）像电影《辛德勒名单》（*Schindler's List*）（1993 年）一样令人潸然泪下。想象一下，在一幅画作、一部电影中，需要投入多少时间反复打磨，才能精简到屈指可数的几个最精华的细节？

这里有一个合理的投入产出比值，我们要时刻牢记：为创造一段体验，有时需要毫无理由地投入数百万美元和数百万小时；那些看来信手涂就的画作，还有听来简单的故事，往往是经年累月付出后的结果。没错，是有那样的时候，有个绝妙的故事突然从你脑海里蹦出，然后你就把它讲出来了。但大多数时候，绝妙

　　⊖ 《格尔尼卡》是毕加索于 20 世纪 30 年代以法西斯纳粹轰炸西班牙北部重镇格尔尼卡杀害无辜的事件为背景创作的一幅油画，采用了象征性手法和单纯的黑、白、灰三色营造出低沉悲凉的氛围，表现了法西斯战争带给人类的灾难。——译者注

的故事都出自切身经历，在讲之前，我们都要先做自我检视，还要考虑好出发点。

我喜欢朋友们打电话告诉我："我讲了个故事，把大家都给震了。"格雷格·富桑（Greg Fuson）是位大会负责人，他跟我讲了一个极精炼的故事，让我看到如果你肯花时间问问自己"我是谁？我为何在此？我想达到的最好效果是什么"，你就能与听众之间缔造更深层的联结。

格雷格上台为"葡萄藤"第一届年度会议做开幕介绍，这是个房地产开发商联合会，他们不光想打造社区的硬件结构，还想使之成为一个社会共同体。格雷格怀里抱着他刚出生的女儿，他说："我今年有幸当了两次父亲，第一次是给我的女儿安娜，她是七周前出生的。第二次就是今天，我们共同创造的这个联合会诞生了。成为我女儿安娜的父亲，让我对责任感充满敬畏，那是一个人对另一个人的关爱。我认为，以最纯粹的方式来看，社区的本质也是如此，我们每一个人都应该担负起关爱他人的责任。"

此乃精炼的至高境界。挑出你最长的那个故事，然后问自己："我想要告诉大家的核心内容是什么？"

在练习中学会精炼

跟人交谈、做演讲、私下交流，这些都是你讲故事讲得最多的场合，也是练习精炼的好时机。可以在不太重要的场合多尝试几种故事剪辑的风格，形成自己的好习惯后，当遇到重要场合时你就能应付自如了。练习时，你会发现你自身带的一些特有的毛病会妨碍到精炼。比如：废话连篇是因为内心有冲突，絮絮叨叨是因为你为自己的声音而陶醉；还有过分的控制欲，或是缺乏准备。这些问题的绝大多数都或多或少地困扰过我们。

你要对先前别人教的所有兜售观点的做法打个问号。我们大环境的文化以及你所在组织的文化都会在你脑子里强加一些正规或非正规的套路，一旦你开始打磨故事，它们就会跳出来左右你。你脑海中的这些套路有时互相矛盾，比如，如果你被教导的是不要含糊其词，那么你就可做出一副言之凿凿的样子，而这会显得你很狂妄，或是不求甚解。

主观一点又何妨

还记得那些苦不堪言的会议吗？大家聚在一起为沉甸甸的公司使命宣言精雕细琢。我们满怀期望地开始，到最后却没斟酌出几句对光明未来的允诺，而是看哪些语句能让那见鬼的会议尽早结束，我们就选哪些。著名职场系列漫画《呆伯特》（Dilbert）的创作者斯科特·亚当斯（Scott Adams）在漫画中为我们打开一扇门，让我们进入大卫·尤德（David Youd）恶搞的"使命宣言自动发生器"，在那里面，你要做的只是选几个关键流行词，然后为你定制的使命宣言就自动生成了。在所有崇尚表意清晰的文化环境中，提出主观性议题都会让人觉得会产生多重语义或过于简单。只有用故事和比喻来诠释热情、服务、信念这类可能有多重语义的概念，才能让人们保持参与并有所贡献。就像那些"使命宣言讨论会"展现的，当一群人执着地追求毫不现实的表达清晰度时，大家就会没完没了地玩弄辞藻。

怎么讲才称得上专业？什么该讲什么不该讲？每个人心里都藏着自己的想法，你可能会被这些隐藏的想法打乱阵脚。如果你心中"最佳演讲"的套路是高度客观且线性递进的，而且所有相关信息都应罗列成一条一条的点句形式，那么你的 PPT 得做 70 页，而效果可能还不及一个三分钟的故事。自测一下：如果你要为自己最重要的项目做一个钟头的演讲，而这个项目与组织使命紧密相关，你会怎么做？请留意你脑子里列出的待办事项，第一项是花时间思考一下问题的全貌呢，还是马上打开 PPT 文档先列几条要点？

我知道有一家大型组织，他们的大部分演讲随便一弄就要用到 70 来张 PPT，还把这称为"一整套东西"。他们花很多时间调整数据格式，添加动画效果、图片和图表，我猜想他们可能并不知道这种演讲套路会对他们思维模式造成影响。耗费那么多时间，感觉像是在努力工作，并误以为能增进传播效果，而事实上，为调整格式、排序和演示花了一个小时又一个小时，其间还一直在为演讲效果担忧，此时还真不如先出去散散步，换换脑子。

关掉电脑，然后问自己几个最基本的问题：我是谁？我为何在此？我的演讲可能产生的最大效果是什么？你的演讲会因此更精炼。这可能不像正儿八经在工作，因为你一边想问题一边在做**很多**别的事：可能在发呆，可能在散步，甚至可能在去健身房的路上。但正是这样的"工作"可以帮你构思出一篇紧凑的演讲内容。你在思考这几个基本问题时，一些不搭调、自相矛盾、价值观有冲突的内容会浮现出来。这便是你花时间问自己这些问题的价值所在。废话连篇、流于肤浅、细节过多……所有这一切的根源都是因为没有处理好不搭调、自相矛盾和价值观冲突的问题。

想象有位人力资源经理在一次公司全员大会上就一份客户服务现状报告发言，这类重大话题必定包含某些自相矛盾和不搭调的成分。如果客户服务意味着顾客永远是对的，而公司同时又声称"员工是我们最重要的资产"，这二者的立场就是相对立的。这位人力资源经理可以用图形、表格以及一些拍得不错的顾客和员工照片来支持这两个说法，不偏不倚。但是她自己的故事呢？她的故事支持哪一方？如果一个刁钻的顾客欺负你的员工，你会怎么做？你是保护你最宝贵的资产？还是恪守"顾客永远是对的"信条，让可怜的员工受委屈？所以，这次发言是一个绝佳场合，人力资源经理可以用故事宣告公司最珍视的是什么。

表明立场

图表展现的现实是井然有序的，而故事展现的现实却是一团乱麻，不过我们也可以用故事来解开这团乱麻。闭口不提乱糟糟的现实并不是追求精炼效果的唯一途径。表明立场能让你的话语变得晓畅和凝练，还能让你传递的信息一目了然，不拖泥带水，充满力量，而这要求你尊重并信任你的听众。一旦你做出这个决定，你就会重新组织自己的演讲，把它变成一个吸引人的故事，并且有助于把图表和数字精简到最关键的几个。要让大家知道，始终将员工排在首位才有可能实现对顾客的关爱，你的这个立场很有感染力，这也让你的核心价值观的优先排序更加明确。核心价值观在某些方面时有冲突，而你需要鼓足勇气来事先表明态度，让大家知道如果两种价值观相互对立，你最终会站在哪一边。

鼓起勇气、克服困难、表明态度，这会让你自己不再纠结，也让大家不再为一个没有定调的故事而忐忑。当对方知道你重视员工甚于顾客，重视质量甚于数量，重视自由甚于条条框框，你们就能齐心合力，追求共同的目标。这么做可以将听众说不清道不明的现实转化成一个富有意义的故事，打动你的追随者，同时打败你的敌人。

你若能将一个富有意义的故事讲得明白晓畅、言简意赅，说明你对某件事倾注了个人情感。一反"商场不讲个人感情"的荒诞说法，你自己先得有感情，才能激起他人的感情。信任、忠实、热忱、共情……这些都是发自个人内心的情感，有了它们，你的个人故事才能在最短时间拉近人与人的情感，不再缺乏人情味。

WHOEVER
TELLS
THE
BEST
STORY
WINS

第13章
讲述集体故事

　　许多初出茅庐的故事新手像寻找圣杯一样在搜索宏大的故事，想用这种故事捕捉组织、候选人和品牌的核心本质。他们尚未养成讲述亲身故事的好习惯，于是就想找一个品牌故事或是组织故事，把它包装成很煽情的样子，让人们反复传颂，像病毒那样散播开去。他们想要一个既个人化又集体化的故事，能将人们的关注点和推论裹挟到自己期望的立场。

　　"9·11"恐怖袭击事件后，"自由在行进中"的故事极具感染力和煽动力，这类故事会带给人一种先入之见，将所有异议都当成"跟我们作对的"。这个故事框架有足够的韧性来成功地包容相互抵触的事实。它将新闻故事装进相同的框架里，从而创造出一个隐喻：要么赢得自由，要么失去自由。复杂真相需要经过更长时间才能传播开来，而这看起来在延缓获得自由的行进速度，所以这就意味着正在失去自由。

　　随着这个故事的势头越来越猛，谁如果理解慢了或略微审慎一些，都会感到有风险，甚至感到被动。撇开你的政治观点不谈，"自由在行进中"的故事确有其魔力。那么，是谁挑选了这种故事？他们是如何把它挑选出来的？还有哪些有同等魔力的故事也曾在考虑之列？了解创作和挑选故事时的群体过程动力学（group-process dynamics）[⊖]，与了解一个好故事必备的特点同样重要。

　　被选中用来代表某个群体或某项工作的故事，必然会反映出整个群体决策过程水平的高低和思维模式的优劣。如果一个群体杂乱无序，冲突四起，那么讲出来的故事十有八九也是凌乱、前后矛盾、松懈无力的。如果一个群体在逆境面前勠力同心，不惧风险，恪守纪律，他们则更有机会挖掘到一个富有普遍意义的故事。

　　你可以借用神话传说中的故事，这些更加宏大的叙事是人类故事最初的原型，因为它们凸显的是人类体验和反应的普遍模式，往往能抓住人的注意力，给人带来意义感和归属感，从而激发人们深层次的个人认知。恐惧是一种很强大的普适模式，都市传说证实了恐怖故事的黏性，相比之下，有关"信、望、爱"的故事则需要我们花更多心思，加入更多形象化描述，甚至还需要自我约束，才能像恐怖故事那样传播开来。

　　⊖ 指群体中各种过程的人际关系动态，诸如群体气氛、各种过程群体成员间的关系、领导作风对群体性质的影响，此概念属于社会心理学范畴。——译者注

如果你在管理故事创作的群体过程时，单纯遵循某个严格的分类系统或对"故事"公式化的定义，你只会被假象迷惑，误以为自己正在发挥神奇的集体创造力和群体洞察力。一个公式化的东西教不会你创建群体共识，因为它忽略了群体创作时常见的过程损失（process losses）[⊖]，毕竟总有人滔滔不绝，还有人缄默少语。哪怕你凭一己之力创作出了绝妙的故事，你仍然不得不说服群体中的所有人，让他们相信你的故事就是"最好的"。

了解到群体过程可能出现的"动力学"现象，看清作用于故事构思的各种情绪力量——有拒斥的，有力挺的，还有推倒重来的，你就能在乱流涌动中找到航向。再好的故事，如果必须经过某个委员会审批来审批去才能讲述出来，也会失去它的完整性和感染力。

创意和出位

我在广告公司工作时，我们的创意团队常常为某些"魔力故事"的早夭哀恸不已，因为患得患失的产品经理们总是用客观标准来衡量和评估故事中的主观比喻，然后这些故事中的魔力成分便被剔除得一干二净。他们在评估故事时，脑子里想的总是最坏的情景——故事的受众可能会曲解那些未经证实的妙处，因此他们会对别具一格的形象化描述格外谨慎。

⊖ 过程损失是指群体交流过程中，导致的无法达成最优解决方案的情况。因为想要说服一个群体同意你的观点会较困难，当面临众多的反对意见和怀疑时，你将不得不保持沉默，听凭群体做出错误决策。——译者注

    我记得我们的创意团队曾推过一个广播广告，用到了福特公司赞助的 1994 年澳大利亚网球公开赛的场景，我们在背景中加进了网球比赛场地的噪声，还有莫妮卡·塞莱斯（Monica Seles）击球时那标志性的吼声。因为莫妮卡·塞莱斯在 1991 年、1992 年、1993 年蝉联了三届澳网冠军，又因为澳大利亚人酷爱网球运动，我们坚信广播听众一听就能认出她标志性的吼声。谁料产品经理却对这个创意不以为然，他死守着自己的观点，认为塞莱斯的吼声有可能让听众听着心烦。创意团队的人眯起眼睛觑视他，其中有个人探身向前，问道："怎么个心烦？说具体点。"可是，人家把界线已经划出来了，双方也不愿伤和气，加上那个压倒一切的说法："顾客永远是对的"，最后，这个在节目背景声中加入吼声的"故事"在那间屋子里夭折了，连送葬的都没有。

    那个加入吼声的广播声效可能会产生我们预想的魔力，也可能不会。但是这个创意在剪接室被毙掉，其实与故事的价值没有太大关系，而更多是因为个人之间的权力角逐，大家都想当那个最后拍板的人。

    有些创意乍一看往往有些出位，因为它们本来就想出位。有关这类较量，有一个故事我特别喜欢，应该是 1978 年发生在可口可乐董事会会议室的。当时营销团队和广告团队的大咖们为给一款来年推出的柠檬 / 青柠苏打水起名字对峙起来，创意团队当时最推崇的产品名是"Mello Yello"。

    但是争到最后，产品经理对此持保留意见，他花言巧语地说："Mello Yello 这名儿听着像是某种街头毒品。"创意总监听了这话，差点翻身跃过桌子去问他："那你倒是说说看可乐（Coke）[⊖]又到底是什么玩意儿？"

习惯于客观思维的人可能会想，减少歧义就等于降低了风险，实则不然。歧义在现实生活中无处无时不在，所以它会让故事更加逼真。留着那些歧义，然后在低风险环境中检测故事的效果，这是将讲故事的风险降到最低的更好方式。在第 16 章，我会扼要介绍可口可乐公司如何突然转变了检验故事构思的方式，并且为此重新分配了广告预算。

如果量化规则帮不上忙

能否挑选出合用的故事，既取决于你所在群体的想象力，也取决于大家的主观决策能力。当群体面对影像、比喻、情绪这些不熟悉的领域时，通常会过度简化这些不可测量的质性因素，将其转换为某些可量化的标准，这样他们才会觉得安心。将典型量化数字当成评测标准，并不能让故事变得更好，只是让决策变得更容易而已。

还有一种决策方式是过度倚重群体中最有权势的人的意见。这种依存策略的前提是你所倚重的人正好是个讲故事高手。若是能遇上一个故事天才做领导，那可真算是你的福气。像马丁·路德·金、亨利·福特、史蒂夫·乔布斯这样的天才领导都曾经靠讲故事促使成千上万的人行动起来，将愿景变为现实。然而，大

⊖　毒品可卡因的俗称也叫 Coke。——译者注

多数如你我这样的平凡之辈只能和其他平凡人一起困在团体中，在似是而非的观点、相互冲突的价值观和形形色色的多样性中挣扎，这让我们在所有重大决策上（包括"我们的故事是什么？"）都起伏不定，时而有凝聚力，时而没有。这样的群体会格外倚重数据、规则和算法，只为使自己的决策更加"理性"。

埃伦·兰格（Ellen Langer）在《专念创造力：学学艺术家的减法创意》一书中，引用他人对"控制幻觉"的研究成果，毫不留情地对我们钟爱的思维习惯进行了解构，比如，利用成套的原则和认知框架来提高决策水平。[⊖]尤其是在商业领域，那些令决策更轻松的惯例可能会让我们错失杂乱却妙趣横生的人类体验。我们的行事做派越像机器人，我们的故事就越索然无味。

从来就没有什么魔法公式。生活中所有真正重要的事都是有多重语义且主观的。你对成功的定义取决于你所处的文化环境、你的年龄、社会经济地位、性格和近期生活中发生的事件。我曾见过很多团队为此争辩不休，好像真能争出个"对错"似的。主观性问题总有很多"对的"答案。若想找一个故事，让你目标市场的客户觉得受到了重视，你就得弄清楚：你所处的环境以及他们所处的环境，你是谁以及他们是谁，你在哪个阶段以及他们在哪个阶段，你因何要吸引他们，还有他们因何要对你做出回应。不管是你自己选择了这些问题的答案，还是被迫接受别人为你选择的答案，你都必须从自己的角度发现这个故事对你的意义何在。

⊖　Ellen J. Langer, *On Becoming an Artist: Reinventing Yourself through Mindful Creativity* (New York: Ballantine, 2005).

统计学确实能回答我们的一些问题。然而，当我们通过焦点小组和测试活动来拣选并测试故事创意，或者直接讲给大家听，以此来测试人们的反响时，我们就得保持十二万分的清醒，牢记从这一刻起，一切都将是人们**根据你所问的问题**做出主观选择后导致的结果。我无意贬低调研的价值，但关键是要克制住将调研结果当成"事实"来做决策的冲动。在这种主观氛围中，我想给出的唯一最重要的建议是，要始终亲身参与其中。当今，迭代测试正在取代只挑选那些有利于整个故事的片段做质性测试的做法。

讲故事是一种自我诊断的过程

为了给你讲个故事，告诉你"我是谁"以及"我为何在此"，我得先花点时间问问自己这两个问题。通常我们对这些问题的回答都停留在表面，而且张口就来："我们是制造电子产品的，以此为大众带来欢乐，也为公司创造利润。"好吧，底下鼾声阵阵。

个人层面的自我检视已经非常难了，现在要进行群体层面的检视，自我意识掺杂进来了，昔日的分歧又泛起了，再加上意识形态的差别，这一切会把群体中的成人变成争抢副驾驶座位的孩童。我的朋友吉姆·西诺雷利（Jim Signorelli）召集一群高管加入一个结构化的诊断流程，他向他们展示了精神分析学家卡罗·皮尔森（Carol Pearson）提出的 12 个心理原型（流浪者、斗士、魔法师等），然后让他们各自选出一两个最贴合品牌故事的选项。[⊖]当谜底揭开，人们看到自己所选原型代表的意义时，话匣子便打开了，大家开始讨论，集体探索我们是谁（不是谁），以及我们为何在此。

这种自我诊断过程把那些尚不确定自己是否活得有意义的人吓得要命，因为自检的过程能检测出你对组织和群体的信任到底有几分，是否相信他们大多是心怀善意、言行一致的好人。回避深度检视的群体或许是担心如实自检会暴露出内部的虚伪和空虚，但如果你想搜寻一个有说服力的品牌故事或组织故事，这个发现对你就很关键。当客观的、由外而内的思维方式换成了主观的、由内而外的思维方式，人们便开始不安起来。我发现很多情况下，这种不安情绪容易被夸大。其实，如果一个群体愿意反思，大多数人都会发现自己的生活和工作还是富有意义的。

我喜欢在开场时让群体中的成员各自讲述"他们是谁""他们为何在此"的故事，而且故事要有个人色彩。大家听了这些故事后，接下来就会少一些求全责备，因为这让他们看到，探讨"我们是谁""我们为何在此"这类宏大的话题是何等艰难。当每个人都明白了需要怎样的深入挖掘和亲身投入才能为一个组织的愿景故事打下根基，整个过程就会有所改善。

第一次尝试讲述群体故事往往豪情万丈，因为人们更多讲的是他们期许中的自己，而不是现实中的自己。鼓动大家去为力所不能及的目标奋斗，听起来难免觉得矫饰。想成为更好的自己原

⊖　Jim Signorelli, *Storybranding 2.0: Creating Stand-Out Brands through the Purpose of Story* (Austin, Tex.: Greenleaf, 2014).

本没错，但是，"我们是谁"和"我们为何在此"的故事不该承诺你做不到的事。我曾听一位牧师这样描述矫饰，他说矫饰就像"一个 14 岁的男孩在阳台上拉着女朋友的手大声歌唱'唯耶稣使我灵魂战栗'"。如果在讲故事前，你隐约觉得"你是谁"与"你说的你是谁"不是一回事，那么说明你还有些其他问题有待解决。

你所在的组织必须诚实，才会获得真正的信任。既然互联网让信息变得更加透明，你就该追求让自己的故事更贴近现实。通过讲故事来对群体进行自我诊断，这个过程可以迫使你们扩大眼界，将点燃信任之火和熄灭信任之火的故事都悉数收入囊中。要拥抱一切故事，哪怕故事反映的是组织中不尽如人意的地方，也不要掩盖。你越是敢于直面现实，你最终选出来讲给大家听的故事就越真实。

同气相求：由内而外

那些挑起人们主动"对号入座"的故事能触发对自我的认知：这就是我，这讲的就是我的生活，这对我所爱的人产生了影响。归属感和同气相求互为因果。太多时候，归属感是用"套近乎的策略"找到的，比如种族形象、土话行话以及想象中的其他由头，这些由头将你归入某个特定的群体，跟你说："瞧，你是这类人。"这种方式的问题在于，它是一种"由外而内"的方式，而不是一种"由内而外"的方式。如果找到的故事暗示我们是同一类人，你就找到了一个共同的联结。我们的"外在"总归不一样，但是

同为人类，我们的内在总有一些相同的成分，这些成分能让我们
穿过表层差异，在更深层面发生联结。在这个层面起作用的是神
话，或者可以用荣格（Carl Gustav Jung）的说法——集体无意
识之举（collective unconscious）[⊖]。

纷争女神厄里斯（Eris）的神话就是一个很好的例子。大多数
人说不准什么时候就会经历类似的境遇。

　　婚礼在即，女神厄里斯却没接到邀请信。众神想开个
玩笑，因为厄里斯总是爱找碴儿，所以他们在邀请信的嘉
宾名单上划去了她的名字。但厄里斯还是来了。她往屋子
中间抛了个金苹果，上面刻着"献给最美的女子"。赫拉、
雅典娜和阿佛洛狄忒为此开始钩心斗角，争执不下，弄得
婚礼彻底泡了汤。三位女神请来特洛伊王子帕里斯做评
判。阿佛洛狄忒向帕里斯保证，让他得到"最美女人"——
海伦的爱，帕里斯就把金苹果作为回报给了阿佛洛狄忒，
最后引发了特洛伊战争。

所有群体都要对付纷争，有些群体竭力回避纷争，但"纷争
女神"会在所有群体做重大决策时大驾光临。这样的纷争或许是
你想要的，或许是不请自来的。主动引发争议的好处是，经过一
番唇枪舌剑，你的故事会变得更加强壮有力。富含集体意义的故

⊖　集体无意识是瑞士心理学家、分析心理学创始人荣格（1875—1961）的分析心
　　理学用语，指由遗传保留的无数同类型经验在心理最深层积淀的人类普遍性精
　　神。——译者注

事经得住群体内部的分歧，也经得住群体外部的异议。

　　你我并非众神（或许周末可以充当一下吧），可我们无论作为个体还是作为群体一员都对厄里斯的故事心有戚戚。不过我希望你能将自己与厄里斯和她的苹果相关联，我们都经历过这样的故事。有时我们是躲避"麻烦"的那个人，有时我们自己就是麻烦本身。当我读到乌拉圭作家爱德华多·加莱亚诺（Eduardo Galeano）的"我不相信慈善，我相信同气相求"这句话后，我开始越来越多地使用**同气相求**这个词了。

　　慈善像是一种加持，它是垂直的，是判断的结果。而同气相求却是水平的，有更多的联结。当一个群体开始寻求同气相求，而不是表面形象，它就不仅需要，而且会产出更多有影响力的故事。一个群体若能从收集的个人故事中挖掘出组织故事，就等于培养了让内部的激情和外部的激情同频共振的能力。如果在调研时能设身处地，将心比心，那么你创作出的故事就能让客户、员工和捐助人再一次感到自己受到了重视。

WHOEVER
TELLS
THE
BEST
STORY
WINS

第14章

审视出发点

　　想把故事讲得动人心弦，得有本事在不同的审视出发点之间周旋。这就需要你培养自己在时间和空间穿梭的能力，从而可以从多个角度"观察"自己的故事。有了这个本领，你可以从两方面提高自己讲故事的水平。第一，你可以找个角度让每一位听众都感到受到了尊重，对方听你话里透着尊重，再爱挑事的刺儿头也会消停。第二，你可以从多个角度重新审视你最重要的故事，这个过程能让故事的细节更丰富，而且让故事能更有深度。这样一来，故事就从单一维度变成了三维，甚至六维，因而有了勃勃生机，从而让听众从各种不同角度理解故事。

　　从多个角度审视故事，你就有机会感听众所感，见听众所见，其目的就是有意识地减少客观性，增加故事的个人色彩。只有发自个人情感的联结才能引发共情，让对方与你心心相印。若你不喜欢也不尊重自己的听众，是不可能做到这点的。你要打动别人，最大的绊脚石是你对自己想打动的人缺乏信任和尊重。

人们能觉察出来你什么时候对他们有失尊重，哪怕只是蛛丝马迹，你也藏不住。在讨论政治话题时最能看出这点，彬彬有礼难以掩盖骨子里的不敬。即使是一向互敬互爱的家人，也难免有无礼相向的时候，而这会让大家失去求同存异、融洽相处的机会。

听众在你心中是个什么样的故事，总能通过你的语气、面部表情、身体语言表现出来。假如一名中层经理向高级管理层做汇报，而心里暗暗在想：这就是一伙无知者，跟他们讲了也是白讲。那么，你这场汇报可能真就白讲了。这些非言语沟通内容可能永远不会出现在汇报者或是高级管理层的清醒意识中，但是负面情绪会扭曲人对信息的理解。两群人之间总有很多重要信息需要交流，其中就隐匿了一些互不信任的故事。高级经理们可能在想，有些员工加入工会就是想玩弄权力以弥补事业上的失败感；学校教师可能在想，校长就是个听命上司的走卒；CEO 在想，公司董事们都有自己的偏见。成千上万个故事让你觉得自己是"对的"，却使你成了孤家寡人。

偏见真的不好吗

偏见无所谓好与坏，你想躲也躲不开。你的肉身只能在某个时间出现在某个地方，而且你所在的这个特定时空造就了你的感知框架。用客观思维驱逐"决策中的偏见"，这个观点可谓风行一时，它让你相信人能够做出不带任何偏见的决策。那些客观的决策工具鼓励你剔除偏见，或对其视而不见，仿佛一旦在决策过程中剔除它们，偏见就会无影无踪一样。然而，偏见并不会消失，它还会在你不知不觉中继续塑造你对事物的理解。戏剧化的是，忽视偏见、个人情感、情绪反应反而会阻碍"无偏见"决策的成功。既然情感因素难以避免，就不如去探寻偏见的源头，以了解这些观点将带来什么样的结论。

同样，没有谁的一生不曾遇到过偏见，也没有哪个故事毫无偏见。没有偏见的故事是脱离实质的，了无生趣，没有人情味，因而味同嚼蜡。行为的发生总是基于某个观点，所以你不妨承认这点，以此表明你对自己的偏见并非视而不见（或盲目相信）。

解决问题的关键在于，要学会从另一个视角来叙述故事。你可以在其中加入一些细节来证明自己知道还有其他观点存在，而且对它们也有所了解。通过视角转换练习，你会把故事变得更丰满，你自己也能读懂更多人。一个有趣的例子来自编剧格雷戈里·马奎尔（Gregory Maguire），他打算从一个坏女巫的角度重新讲述《绿野仙踪》（*Wizard of Oz*）的故事，结果他写了一本新书——《魔法坏女巫：西方女巫的命运和一生》（*Wicked: The Life and Times of the Wicked Witch of the West*），后来这本书还被改编成了一部百老汇音乐剧，火得不行。一旦你学会了这个绝招，难说会有什么好事发生。

审视角度会转变含义，不过你更要记住，角度还会**创造**含义。选择一个时间，一个地点，一个角度，然后据此讲述一个故事，会让你的故事听起来像真实经历的一样。让你的故事穿越时间和空间，可以表明你看到了有许多不同观点的存在，它们说起来都有道理。还记得第 1 章里讲的那个农夫和马的故事吗？我们每天经历的事都在重新定义得到这匹马是福还是祸。这些变来变去的观点本身并无对错。既然我们的身体受制于时间和空间，那么我们只能通过主观角度来体验生活。我们需要的技巧是如何设身处地，将心比心，让自己换位思考。去了解对方了解的，看到对方看到的，跟对方去交流，这样你才有底气让对方也换到你的角度来了解你的观点。

举一个简单的例子：

- **站在客观角度**：员工 X 的出勤率下降了 25%，业绩表现也显示该员工有过两次任务逾期的情况。
- **站在员工 X 角度**：有位员工跟你说员工 X 三岁大的孩子最近在家中后院的游泳池里溺亡了，他和妻子正在办离婚手续。
- **站在其他员工角度**：多数员工把自己的休假时间让给了员工 X，让他可以多些时间处理自己的事。

站在客观角度来看，你开除这名员工或许是合理的。但是站在至少两个主观及人性化的角度看，你这么做可能会影响整个团队的士气，而且还可能让你自己背上一个"冷血恶魔"的名声。在检验重大决策时，多从几个不同角度的故事来加以审视，可以让你免去很多苦恼。如果你肯花时间从多个角度审视重要的故事，就不会再做出伤人感情的决策，也免得大家成日处在怨愤中。

练习：从不同角度审视故事

试试一个有趣的做法。找一个愿景故事，然后从另外两个人物的角度分别再写一个故事。首先从你的故事里挑一个配角，以这个人物的视角从头到尾把故事重新讲一遍，这是绝无仅有的学习讲述愿景故事的好方法。

接下来，从你最初版本的故事中找一个"落魄者"，从这个人的视角再把故事重新写一遍。我在第 8 章讲到的伽利略如何一边避免遭受火刑，一边继续追求真理的故事就是这样的例子。

我选择了从教皇的视角来挖掘和重新想象伽利略的故事。每次伽利略发表他的"异端邪说"，教皇就会失去一些对教会教义的控制，而且从他的角度来看，这些异端邪说还可能让人丧失灵魂。重新思考过这个故事后，我有点明白了，教皇就像其他领导者一样，他未必不认同伽利略的观点，但他身负一项职责——维护组织内的安定，而他的教会组织当时也还没准备好怎么在不失去公信力的前提下接纳这一新真理。明白了这点后，我就能在上司和离经叛道者剑拔弩张之时，用这个故事增进他们对彼此的了解，让他们体谅对方的善意，从而产生共鸣。这种故事有时也能打动组织中的领导者，因为能在增强他们威信的同时也带来和平协作的可能性。这样的故事真的很给力。

　　你还可以从一个"落魄者"的角度写故事，从你的愿景故事中随便选一个人物，这个人物可能丧失了地位、权力、自由或者其他珍贵的东西，渲染这种"丧失感"，然后让自己置身于他的视角。这是一个富有创造性的练习，去寻找其中的乐趣吧。

　　这个练习应该让你看到了两种故事效果，要么你可以从多个角度把愿景故事讲得群情激昂，要么你应该记住，你只是把愿景故事讲得让自己心旌荡漾。从"主人公"角度讲愿景故事，往往只能让讲述者孤芳自赏，却满足不了群体中其他人的需求。换位练习可以让你避免犯这类错误。拥有强大的自尊意识是担当领导角色的关键条件，然而，同样关键的还有保持对自尊意识的适度克制，因为人们会据此决定是否追随你的领导。

　　只要你讲的故事达不到效果，你就可以做这个练习。这时你会发现可能是你的故事或讲故事的方式在无意之中忽视了某些人的角度和观点，而这些对故事效果至为关键。

WHOEVER
TELLS
THE
BEST
STORY
WINS

第15章

聆听故事

我们对自己生活中发生的故事总是浑然不觉，这很让人惊叹。无论你的故事是"生活就像一盒巧克力"，还是"生活就是混吃等死"，你都在以故事或比喻的形式承载自己的信条。如果你真想讲一个捕获人心的故事，首先你得识别出这类塑造你自己现实生活的故事和比喻，而后你要听听它们到底在讲什么。

你得知道自己身在何处，才能去到他人之处，与之相逢。

去检视那些深植于你脑海和你周围的故事。你不可能将一个充满希望、信任和正直的故事像贴墙纸那样贴在一个幻灭的、压力重重的、愤世嫉俗的故事上。这样贴上去的新故事很快就会脱落，犹如在珐琅表面上画的水彩。

在头脑中绘制地形图

有一类故事极为关键，它描述的是你对未来的希望，这种故事会影响到你（其实是任何人）聆听的本领。我所说的**希望**，是指你以怎样积极的心态看待现实与可望且可及的未来之间的鸿沟。不管你是做报告，推销产品，还是搞募捐，这类核心故事都在幕后起作用，左右你的言谈对话。

停下来问问自己："我要讲的是一个关于希望的故事吗？"你会在故事中把希望描述得很天真，还是你故事里的希望能催你早起奋进？下次你若再做有关某个未来项目的报告，我建议你先缓一下，聆听一下自己脑海中萦绕的故事，再听听你的听众脑海中的故事。

这个过程让人有些别扭，冷不丁对同事说"给我讲个有关希望的故事吧"，总感觉有点怪怪的。所以你最好先做些铺垫，为自己的问题找一些合理的托词。比如，你可以这样说："我在琢磨一个方法，看看怎么开展咱们的项目，你们也帮我想想。这方法未必用在大家的工作上，可你们说说看，为了追求非凡的成果你们愿不愿意冒风险，怎么个愿意法？"

说完若见对方一副莫名其妙的样子，你什么也别说，这样可以把他们从"风险是假想的还是存在的"的讨论中引开。紧接着，问他们要一个具体的例子，让他们讲一个故事。如有必要，你先抛砖引玉，讲一个自己的故事，讲你最近遇到的或对你影响至深的有关希望或绝望的故事。不要强行让你的故事或他们的故事朝你所希望的方向发展，那样你得到反应是虚假的。也不要有任何雕琢的成分。这是一个在大脑中绘制地形图的过程，你不能自己想让山脉在哪儿，就把它们画在哪儿。真正有用的地形图显示的是山脉真实的位置。

从"地形图"上了解到当前左右着人们想法的"水流"和"漩涡"后，你就准备就绪了，可以"跳入水中"去专心追逐所求了。那些被人频频讲述的故事在你大脑中绘制的"地形图"会扩大你的关注范围，这样你就不会一门心思径直奔着你想要的结果去。不要只盯着你想让别人相信的故事，先看看他们心里已经相信了哪些故事。听听这些现成的故事，让自己沉浸其中，与其共鸣，这样你就能挖掘出"地形图"上"大川大河"（最关键故事）的意义，或者因势利导改变它们的流向，而这从一定程度也构建了你自己的故事。关键不只是听故事，还要让故事为你所用。这么做或许会打乱你之前精心构思的方案，但现在调整总比后期返工好。

为故事而倾听

大艺术家们都想遍览世间艺作，顶级主厨们也都乐于领略其他好厨师的手艺，作家们则恨不能读书破万卷。你爱什么，就会拼命搜寻什么。对那些爱讲故事的人来说，聆听是件毫不费力的事，故事大王们听到有人讲故事都会不由自主竖起耳朵。

可如果你不喜欢讲故事怎么办？也许比起听故事，你更喜欢阅读杂志，或是听音乐。不是谁都喜欢靠讲故事和听故事打发时间的。

与**听到了多少**相比，**听进了多少**更加重要，但是你怎么来描述听进了多少呢？这可不太好办。"培训积极的聆听者"这类课程确实能教你一些实用技巧，比如眼神交流、点头示意、身体前倾，将对方的话换句话重述，发出肯定的声音，等等，但这些课却没教你真正的聆听。它教我们的是如何装出聆听的样子。有一次上课我拿这事开玩笑，一位坐在后排的匈牙利女子举起手，然后学着好莱坞女星莎莎·嘉宝（Zsa Zsa Gabor）浓重的匈牙利口音说："没错，聆听就像性爱一样。"我紧接着问："此话怎讲？"她用莎莎·嘉宝的腔调答道："欲望上来了，技巧自然就跟上了。"她说到了点子上。

许多人听不进去，是因为急着想去做其他事。他们满脑子都是自己的需求，所以听人说话时要么不耐烦，要么干脆表露出自己真的听不下去了。他们太喜欢讲话了，以至于无法聆听。

我记得有一位在医院当办公室主任的，他对此不以为然，不觉得自己的倾听方式能与这些扯上关系。他说："我一直让大家有事随时跟我说，可他们坐在那里一声不吭，像块木头。"

他说话时不耐烦的语气，还有将员工比作"木头"的说法，泄露了他听员工讲话是一只耳朵进一只耳朵出的，哪怕他的初衷是好的。我逗他说，如果他听员工讲话那会儿也像眼前这样——不时地看表、满脸焦急、滔滔不绝地说话，间或还有其他小动作，那么可能就会给员工养成一个思维定式，觉得尽管他在提问，可他只是想听听大家有没有附和他的意见而已。我这番话惹毛了他，不过到最后，他还是决定做一些改观，他改变了自己的倾听方式，后来的结果也就大不一样了。

聆听的反面

有人曾跟我说："聆听是我必须等待的一段时间，直到再次轮到我发言。"他说这话至少对自己是诚实的，不像那位把员工比作"木头疙瘩"的主任大人那样自欺欺人。

如果你的内心不断对你发出干扰信号，像什么"小心他在胡扯""提防这些疯话""警惕这个混蛋"，那就意味着你已经不再听对方讲话，而是开始对他们的言辞、用意和含义掐头去尾、贴标签、说长道短了。那些你听着不确定的地方都令你感到是一种威胁，于是你就反唇相讥。冷言冷语是逃避倾听的绝佳方式，我们每个人都这么干过。你绷着一张扑克脸，内心的批评写在脸上，你已经听不进去了。你的这些反应很正常，因为他们是你想影响的人，你想按照自己的意愿转变他们。殊不知在你试图影响他人的过程中，在倾听这个环节，就算对方的故事与你自己的观点相悖，你也必须认真听。先把自己的故事撇在一边，全身心地、不带任何评判地感受他人的观点才是倾听的关键。

世界变化太快，迫使我们必须以最快的速度来解读不断输入我们脑海的信息。速度和注意力已经毫无争议地成为沟通中最宝贵的要素，人们因而不遗余力地想通过加快传播速度、提高人们注意力来增进沟通。如果你只是通报信息，这么做当然很好。然而，如果你想影响他人，过分追求速度和注意力只会收窄你和对方沟通的"带宽"。沟通范围变窄了，只会削弱影响力。倾听的过程不是快速和狭窄的，而是缓慢和宽广的。这有点像打扫卫生，用一沓抹布慢慢地大面积擦拭，其实要比用一块抹布快速来回擦拭清洁得更快。不假思索，只顾提高速度和注意力是一切不畅沟通的罪魁祸首。如果你对某些冲突要素一掠而过，那么可能会错失改变他人见解的良机；如果你对人们觉得难以表达之处一掠而过，那么可能会错失了解他们背后驱动力的机会。

你可能会纳闷，倾听不就是要专注吗？难道你不应对正在讲故事的人全神贯注吗？这个嘛，说是也是，说不是也不是，要看你为什么而专注以及怎么样专注了。如果你的专注范围较宽，而且保持海纳百川的心态，也就是说你听了对方的话，乐意择善而从，改变你的思维方式，那么回答就是"是"。这种情况下的专注能激起对方真情实感，从而引出有意义的故事。然而，如果你的关注点只是想挑刺儿，逮着机会歪曲对方的意思，肆意发挥或反驳对方，那么这种专注则毫无益处。

真正的倾听

真正的倾听是对他人说的话和表达的含义保持一种临在的状态，尤其是当对方的话语和意思可能与你自己的观点相悖或可能动摇你的观点时，你更需要保持临在状态。倾听与你的思维方式一致的人说话容易，因为大家所想一致，你无须什么外力协助就能影响他们。同时，你更要倾听那些与你思想相左的人说什么，这样你才能真正听进去并复述出那些有感染力的故事，从而有了与对方打交道的底气。若你真听懂了对方的故事，能把故事的意思完整地复述出来，就证明你非常重视对方的观点。若是你心不在焉，对方就会断定你根本说不出什么，那么他们也会以其人之道还治其人之身。

无论对方的观点与你的多么水火不容，你也要暂时放下自己的观点，站在对方角度去理解他们的观点，这样的倾听让人觉得有些像是屈从，但只有这样，你才会争取到讲述自己故事的机会。

倾听有危险吗

倾听会有危险。记得我曾在哪儿读到一句话，说不管谁只要听一个女人叙述完她自己的全部经历，都会感到天崩地裂。在我看来，这个比喻表达的意思是母爱、爱情、磨难会激发人们内心的共情，它所蕴藏的洪荒之力将拆除我们在商界和政界树起的各种藩篱。聆听故事意味着我们对人类集体经历的奇妙和悲惨遭遇保持临在感。我有一些从事艾滋病研究的朋友，他们从参与社会服务和其他社区工作中学到了一点经验，那就是有益的倾听是需要划清界限的。如果不干别的，只听悲惨的故事，你可能会沉浸在悲伤和绝望中难以自拔。排队等着给你讲故事吐苦水的人可是比等着给你讲开心事的人多多了。

有时我会遇到一些更注重行动的人，他们认为如果全心全意地听人讲故事，或将自己置于险境，阻碍他们继续前行。的确，真心诚意地倾听有时意味着交出控制权，而且有被人操控或利用的风险。

其实，你用不着时刻都倾听，也不用无休无止地倾听。听或不听，全看哪些内容能为你所用，以及这些内容对你与他人联结有多重要。这并不是把你思想的钥匙交给陌生人，钥匙仍归你管。如果时间短促，全身心投入聆听是让人**感到**有些冒险，但是让自己缓一缓，给自己充分的时间想象另一个人的经历，并不意味着你就把主动权让给了别人。倾听可能将你带到一个自己不愿去的地方，也可能会翻出一些平时"你眼不见心不烦"的问题。但是，倾听一定会让你变得更机敏，令你与他人的联结更紧密，并且更深入。

有了清晰的界限，以及"自己是谁"和"自己为何在此"的坚定意识，你就有了定力和耐力，就能从你想影响的人中挖掘到反映他们核心价值观和信仰的故事。在此过程中，你可能不得不像冲浪一样在对方没完没了的重复、拿腔作势和一些愤愤之词之中起伏穿梭，但最终，意义的波浪总会有规律地翻卷上来，出现在你和你的听众面前。对于你的听众，这很可能是他们第一次看到自己故事所蕴含的意义。

觉得没东西可讲

不管你把工夫花在搜集故事上，还是花在讲故事上，这两种技能是相辅相成的。你若觉得"我没什么故事好讲",那么你是在否定自己,也否定了周围的人。只要你竖起耳朵,故事无处不在。像一个抬荒者那样去搜寻,你肯定会找到故事。在面对面的亲身交谈中最容易找到故事,相比之下,表格和问卷缺乏人情味,而且受限于预设的问题。另外,你还可以走出去,身体力行做一些调研。不要让别人替你去找故事,寻找故事的过程本身就是成就。

人们往往意识不到自己的生活经历居然可以成为如此引人入胜的故事。如果某个故事对你很有意义,它对别人也一定很有意义,只要你讲的都是真事。东拉西扯但充满人情味的故事比条理清晰的故事更有趣味。如果你眼里揉不得沙子,人们就会吞吞吐吐,说一半留一半,而稍微有点脑子的人都清楚,他们留的那一半才是让你觉得最有料的部分。

有一次,我听到某人慨叹自己的故事太乏味,我忍不住回她:"那你就爆点真料儿呗。"她问:"你是说我以前跟部长的风流韵事?"她要是真讲这个,我怎么可能觉得乏味。只要你能挖得稍深一点,通常都能找到一个有趣的故事。我曾读到过一句话:要想变成一个有趣的人,你得先对人感兴趣。

我的朋友兼故事教练道格·李普曼(Doug Lipman)给过我一句教诲——"带着喜悦聆听",我把这句教诲也送给你,充满喜悦和期待地聆听,你定能学到些重要的东西。如果你这么做了,无论是讲故事还是听故事,你都将获益匪浅。

WHOEVER
TELLS
THE
BEST
STORY
WINS

博采众长

有些绝顶聪明的人在各自领域里勇于尝试，将讲故事的原则、应用方式和练习方法用于实现自己的目标，并取得了显著效果。与所谓的讲故事专家相比，他们给出的实用性见解、有创意的应用方法以及实验方法更多。在本章，我会简略介绍几个他们最有创新性的应用方式，同时还将给出一些思路，看看如何把这些应用方式融进你自己讲故事的实践中。

设计思维的秘密：用户故事

我过去特别喜欢教科学家和工程师讲故事，因为太容易出成果了，现在很多时候也是如此。不过，设计工程师们这些年已经把这些"果子"都吃光了，他们学会了讲故事，还用到了工作中。我第一次发现这个现象是在十年前，当时我和一些才华横溢的设计工程师共事，其中就有微软 Xbox 的设计师。我跟他们讲客观思维和主观思维的区别，他们只是点点头。原来，我称为"故事思维"的概念，已经被他们命名为"设计思维"了。

今天，设计师、信息架构师、软件开发者都靠收集用户体验的"故事"来开发项目，这些故事可以追踪到人们潜意识的偏好，描绘出情绪性推理过程，并且通过测量和跟踪某个用户在时间和空间的轨迹来确定特定的解决方案。安德鲁·辛顿是一名信息架构师，他介绍了自己将数据转换成故事的经历：

> 与我之前所有做过的工作相比，现在这份工作教我懂得故事绝不仅是加在二元逻辑和原始数据上的一个附加层。事实正相反，故事是我们生活的基础，数据和信息才是人工提炼的。这些数据像是布满灰尘的镜子，我们拿它来照自己，它只是一个提醒自己的工具。

黛博拉·梅休（Deborah J. Mayhew）是用户界面设计领域的前辈，他描述了 20 世纪 80 年代的情况："工程师们都受过正规的逻辑训练，并且对此非常着迷，可他们正在设计的用户界面针对的人群却不一样，这些用户没受过类似训练，对那些也没兴趣。"今天的设计师们通过从用户旅程图（user-journey map）中搜集故事，可以建立一个基于用户的非正规逻辑的更实用的模型。

为什么不借用收集用户体验的做法来设计你的下一次演讲

呢？第一步先收集用户的故事，这和分析你的听众不同。人口统计、称谓、笼统的目标捕捉不到复杂的情绪和情境，也发现不了第一手的真实故事。比如，某群体致力于降低儿童肥胖率，他们花很多时间和孩子在一起，让孩子讲述自己一次有趣的运动经历。而后该群体放弃了设计一个音乐触发的跟踪设备的想法，而是用一款促进运动交流的社交游戏设备取而代之。

设计工程师们还会利用各种模板来描述用户故事中的需求，例如："作为（某类用户），我想要（目标），这样就能（理由）。"

尽管这样一来，这些用户故事被搞得有些技术化，但请留意，本书第 2 章提到的六类故事，这个模板方法实际上已经问了其中的三个，即"你是谁""你为何在此""你的愿景是什么"。这个范式要求我们暂时搁置自己的计划，真正了解"我是谁""我为何在此""我的愿景"这类个人故事。如果我们只是寻找能证明自己观点的故事，就会收窄我们的发展机遇，还会造成一个个盲点，扼制我们的创造性思维。

在与一个团队合作前，我常常会问他们，可否让我访谈一些有代表性的员工，包括那些在现场工作的人。在现场工作的员工能讲出很吸引人的"我是谁""我为何在此"的故事。如果走运，说不定我还能找到一个故事，阐述某个从领导视角尚未发现的见解。如果是电话访谈，一开始我会这样探问："我想更清楚地了解你的工作，能告诉我你平时都是怎么过这一天的吗？"这样就给我们的谈话定了调，即我们要聊的是真实经历，而不是"我整天都很忙"这种概括性观点。为了让谈话继续，接下来我还会问更多类似问题，如："你最近有哪一次特别为自己干的工作自豪？""能跟我说说你最美好的（最糟糕的）一天吗？"进行到这一步，我还可以收集更多的细节，以备将来分享这些故事时用到，我会继续问："当时有谁在场？那是哪一年的事？"或者"这个特别的会议是在哪儿开的？那间会议室是什么样的？"让对方回顾一些感官层面的细节，会唤起他们亲身经历的真实故事，这些故事比三言两语的概括性总结更逼真，内容也更丰富。这些故事也帮到了我，帮我把工作坊设计得更加"用户友好"。当我讲述的真实故事像镜子一样让听众看到自己相似的经历，我的课就变得更有趣，更难忘，往往也更有价值。这种设计思维，也就是从如何贴近用户（学生／上司／同事）经历（故事）的角度来选择交流方式，能够改善所有类型的沟通。

为了收集故事，有些设计工程师不光做访谈。设计公司艾迪欧（IDEO）就针对人性化设计（Human-Centered Design）在其网站为非营利组织提供了一套免费工具包（www.ideo.com/images/ uploads/hcd_toolkit/IDEO_HCD_ToolKit.pdf），并建议在个人及群体访谈中收集故事。不过它还进一步建议，你最好融入用户所处的环境中，这样你自己也有故事可讲。你可以让用户用照片、影像、文字自行记录故事，甚至可以让用户带动社群一起来探寻故事。如果对故事的争议大，最好的办法莫过于从对方立场出发来做这事，或者让用户也参与进故事收集的过程中。

在第 5 章，我讲过一个在休斯敦郊区某穷人社区推进"照片故事"活动的故事。我们向那里的人们发放一次性相机，让他们

拍摄照片，用影像讲述自己社区的故事。这种自行记录的做法引
发了一场社区性的探索活动，它所呈现的真实故事和动人影像比
我讲述的任何故事都摄人心魄。我也借此了解到更多弱势群体的
情况，而这是我从其他任何渠道都无法获悉的。的确，这件事的
意义远不止发放相机这么简单，但如果你想收集故事，我强烈建
议你将自己沉浸于听众所处的现实环境中，和他们共同寻找令人
心潮澎湃的故事，以此传递信息，增进交流。

设计思维的秘密：解决方案和故事检验

我们知道一味盯着问题，特别是像士气低落这种感性问题，
不仅不会找到解决方案，反而会让事情变得更糟。用户体验设计
师证实了这点，而且做了更深入的研究。想要了解你的听众，不
仅要寻找有关用户解决方案的故事，还要寻找与问题有关的故事。
不管我觉得自己的想法有多了不起，都可能有用户提出比我更有
效的解决方案。想要看清这点也很容易。有一个立竿见影的做法，
即找到例子故事，然后让真实用户直接试用这些事例和解决方案，
从而得出方案是否成功的判断。这样便能节省在焦点小组或者问
卷调查上耗费的时间。为什么要等呢？众所周知，史蒂夫·乔布
斯从不相信什么焦点小组，他喜欢从直接观察和实验中寻找解决
方案。苹果手机发明了用食指戳屏进行人机互动就是一个很好的
范例，它越过了分析，以实验过程中直接观察到的故事作为参照。

在一项为"液体内容"而做的广告策划中，可口可乐公司放

弃了以往常用的对广告创意做预先定性调研的方法，转而将这部分资金和时间投入"灵感空间"计划，搜寻适合在"所有可能出现的沟通环节"讲述的故事，并对故事的效果加以测试，以此检验故事的"感染力是不是真的挡不住"。可口可乐公司没有对某个故事创意能否成功进行测试，而是将这笔预算拿来直接测试真实的故事：讲给真正消费者的故事以及消费者自己讲的故事。可口可乐公司还搞了一个由社区主导的常年探寻计划，用以创作和收集顾客故事，这样他们就能把资金和时间投入到最佳故事上，让"可乐就是快乐"的故事更加深入人心。如果这个故事有效果，那就用它；如果故事没效果，那么就再找其他故事。"迭代测试"和"屡败屡试""失败是成功之母"这些说法是设计思维的核心原则。

　　根源分析法（root cause analysis）的问题在于，对它所暴露出的根源往往我们无能为力，即便根源与问题相关，也无助于找寻解决方案。比如在儿童营养不良的案例中，问题的根源包括贫穷、饥荒、腐败，但这些问题不会一夜消失。奇普·希思（Chip Heath）和丹·希思（Dan Heath）在《瞬变》一书中提到来自"救助儿童会"（Save the Children）的杰瑞·史坦宁（Jerry Sternin）是一个好例子。史坦宁并没有对越南儿童营养不良问题追根溯源寻找解决方案，他发现了一个费解的现象，同在当地一个营养不良状况较普遍的地区，却有少数孩子营养状况良

　　⊖　Chip Heath and Dan Heath, *Switch: When Change Is Hard* (New York: Random House, 2010).

好，于是他就收集他们的故事，结果从这些孩子的母亲讲的故事中找到了答案。原来这些母亲给孩子吃的是"成人食物"，营养来自混在米饼里的富含蛋白质的小虾和红薯叶，而别的母亲觉得这些绿叶子是低贱的食物，不适合孩子吃。史坦宁于是找了一个时间和地方，让这些母亲分享自己的亲身故事。他没有为这些故事做加工，因为他知道对这种富有感情色彩和背景信息的故事进行加工，会失去它的味道。旨在提供解决方案的故事，所传扬的不只是一个打动人心的故事，更是创造和扩展解决方案的教导型故事，这些越南母亲的故事显著地改变了当地人口的营养状况。

同样，10年前多芬品牌（Dove，香皂）旗下的一帮有头脑的人深入10个国家，潜心研究那里的用户和顾客的想法，结果发现仅有2%的女性觉得自己是美的。多芬没有去探究其他98%的女性为何觉得自己不美，而是通过"真美行动"传播基于解决方案的故事，以此消除女性此类困惑。它在广告牌上展示美丽的、"正常体型"的女性形象，还请女性分享自己有关真美的故事。这个行动使得多芬的市场份额猛增，品牌也更深入人心。

多芬的人怎么知道把平常身材和素颜女性形象做成美丽的海报，就能让女性觉得自己漂亮并乐意讲自己的故事呢？救助儿童会怎么知道母亲们会为孩子做小虾和绿叶来吃？他们不知道。他们只是讲故事，然后让听众做出回应（或许没有回应）。

多芬把并不符合美国人和英国人审美标准的美丽女性的照片做成巨幅广告牌，同时还搞了一个及时反馈系统，让大家用短信表达看过海报之后的心情。在这些照片旁边有两个"小方框"选

项，可以通过手机投票选择：匀称还是肥胖？憔悴还是鲜活？银
发苍苍还是光彩照人？有 150 万人踊跃参与了投票，由此证明
顾客参与度之高[一]，而多芬也从此走上了致力于帮助女性讲述她们
"真美故事"的旅程。

　　现实世界如此纷繁复杂，永远都不会有充分的信息和明确的
准则来担保某个故事一定能奏效。所以我们不如把它抛给听众，
看它到底能不能黏住人。在产品设计、内容营销和讲故事时，如
果这么干能行，那就这么干。如果你和你的团队不敢猜测或放胆
一试，那么你们就很难做出适应人们需求的设计，也写不出好文
案或成为故事高手。

　　体验设计手册里全是各种练习，用以加强故事思维和用户聚
焦。以下是我改编的两个练习，可以为你下次演讲带来一些新的
创意。

　　偶遇：想象自己偶然遇到一位对你又好又相信你的亲
友，假装这人也在你的听众之列，会在你说话的时候发表
评论或问问题。在脑海中过一遍自己的想法，或者练习一
遍与对方的谈话，要同时留意你想象中说的那些话可能引
起亲友哪些反应或疑问。现在，你学到了什么？

　　比喻之旅：找一个比喻来象征你想给听众带来的效果。

　　[一]　Nina Bahadur, " Dove ' Real Beauty ' Campaign Turns 10: How a Brand Tried to Change
the Conversation about Female Beauty, " *Huffington Post*, March 14, 2014. Retrieved
from http:// www.huffingtonpost.com/2014/01/21/dove-real-beauty-campaign-turns-10_
n_4575940 .html.

你想让听众觉得自己像是刚从一片清凉的草地上醒来吗？是想让他们感到灵性之火在燃烧吗？还是想让他们有一种宗教体验？找一些可感知的元素将比喻扩展开来。比如，某天清早从清凉的草地上醒来可能还包括下列体验：躺在一块毯子上，观看暖暖阳光下的一只蟋蟀。接下来，你可以发挥自己的想象力，穿越到未来与听众的互动交流情境中去诠释这些元素。

比如，你可以用一个大自然的比喻表明主题并且说出在草地上清凉的感觉，以此来证明你的观点。或者你可以模拟一种宗教体验，在演讲快结束时加进一个"圣坛呼召"环节，邀请人们站起来，讲一个他们亲身见证的、让他们走上信仰之路的故事。

用户经验（UX）设计思维中有很多东西都教我们如何经过一段"感同身受的实地旅行"抵达用户（听众）所在的视角。我们需要重新学习如何走出家门，走出自己的假设和规划，来发现那些我们没意识到"我们不知道的事情"。如此一来，讲故事就变成终极突破性技术。

新加坡的秘密

新加坡的开国者十分珍惜自己国家来之不易的繁荣富强、种族和宗教和谐的局面。这个规划有序的社会当初在冲突中诞生，如今正致力于和谐建设。新加坡政府领导人会赞助讲故事的人，鼓励他们在学校和社区讲述经过审核的故事，以此来树立新加坡正直、创新、富有社会凝聚力的国家价值观。

所有公民都可报名在新加坡的"演讲者之角"发表演说，除了有关种族和宗教的内容以外，其他内容都无须提前审核。在其他地方，讲故事的人是受政府委托的，他们要么得有演讲执照，要么所讲故事的情节需经过审核。

在新加坡 1965 年独立建国前不久，范克里夫水族馆（Van Kleef Aquarium）的馆长埃里克·弗雷泽 – 布伦纳（Alec Fraser-Brunner）为新加坡旅游促进局设计了一个半鱼半狮的标志，很快这个标志被命名为"鱼尾狮"（Merlion），现已注册为商标。新加坡政府大力倡导用鱼尾狮的"神话"做文章。在学校工作的罗斯玛丽·索美亚（Rosemarie Somaiah）是一位专业讲故事的人，她对我说，时而出现在她故事里的鱼尾狮是善良而勇敢的，总能化险为夷，或者为某个人物指引正确的方向。由此可见，不是只有千年神话才有用，故事高手在有需要的时候随时可以创造出几个新神话。

非营利组织的秘密

从经济层面来看，慈善捐赠是一种受情绪性推理驱使的非理性行为。每一年，人们被充满同情、愧疚、爱恨的故事所感动，将数千亿美元捐给政治类和慈善类的非营利组织[⊖]。人们之所以掏钱捐赠，是因为他们感觉自己成了非营利组织讲的那些故事中的主人公、拯救者或其他人物。

好故事能挖掘到一些深植在人的生活中的核心冲突。水即生命网站（Waterislife.com）把引发冲突的主题做成一组视频来讲述故事，这些视频后来火了。视频的每个场景中，都有一位来自贫困地区弱势群体成员复述的一句话，而这句话表达的是发达地区才有的烦恼。一个家徒四壁的孩子说："烦死了，我的手机充电线够不到床边。"另一个站在破败建筑物楼梯上的孩子说："烦死了，每次我给女佣写支票，总想不起她姓啥。"你可以编撰一个故事，将疏离感与归属感、天真和狡诈、公正和欺骗这类核心冲突整合在一起，贯穿你演讲的始终。

如果你失败了，最大风险是什么？教营养师讲故事时，我就讲最大风险涉及生与死（比如吃错东西）、欣喜与难受；教发型师讲故事时，我的故事线索是沿着（好发型和烂发型带来的）疏离感和归属感、安全感和恐惧感展开的；最近在军校教讲故事，我听到大多数故事讲述的是行动和理解之间的冲突。一旦发现可能引发的风险是什么，你就可以让故事反映出某种核心冲突，由此激发出面对最大风险时的情绪反应。选择好核心冲突会让故事叙述变得非常有张力，纵然故事情节有变，也能保持前后的连贯。

⊖　National Philanthropic Trust, " Charitable Giving Statistics," January 16, 2015. Retrieved from http://www.nptrust.org/philanthropic-resources/charitable-giving-statistics.

司法界的秘密

律师们告诉我，尽管大家都懂"谁最会讲故事，谁就能赢"这个道理，但是讲故事这门技艺还是被赶出了他们法学院的课堂。所以，许多律师都是从法学院毕业后才开始学习讲故事的，好在一些教律师如何讲故事的书籍、工作坊和博客都能提供不少有趣的见解。比如，某律师讲述的第一个故事是"我是谁以及我为何在此"，而这个故事从他在停车场泊车时就开始了。

辩护律师做的每一件事——从停车场礼仪（或许某个陪审团成员也想把车停在那个位置）到说话语气、面部表情、着装以及随口闲谈——都在告诉法官和陪审团"他们是谁"以及"他们为何在此"。真实性至关重要，所以聪明的律师都会讲故事，他们要么理直气壮地提前为某个漏洞做说明，要么先发制人，主动从最坏情况的解读开始，一步步朝较好的方向引导。从停车场到你正式开始报告，这期间你会"间接告诉"你的听众哪些故事？

讲述视觉故事是律师们的拿手好戏。在苹果公司控告三星公司未经允许使用其设计的官司中，将三星手机和苹果手机的图片并排放置进行对比的视觉故事成了审判中的一项关键因素。在一张 PPT 上，两家公司的手机放在一起的图片给人带来强烈的视觉冲击，因为它们看上去简直一模一样。然而，在上诉过程中，三星公司证明，苹果公司的律师未经允许，从三星公司的网站盗用了一幅版权属于三星公司的图片，更恶劣的是，他们还篡改了这张图片，裁掉了三星公司的标志。这是一个说明"小细节如何带来大不同"的极好例子，讲故事也是同样的道理。

律师常用比喻来引导人们的理解。法律是非常复杂的，如果没有"母公司"或"毒树之果"[⊖]这类比喻，大家很难把握法律的含义。我说这话或许有些片面，但是美国南部的律师似乎十分擅长用比喻来左右人们的解读，鼓励保留看法，以及用幽默缓和气氛："亚拉巴马州在医疗责任立法方面干的事就是一头骡子，那是律师、议员和说客们搞出来的杂种，不顾祖宗的脸面，也无所谓子嗣的繁衍。"[⊜]

在更严肃的应用中，凯瑟琳·科勒尔特 – 佩奇（Cathren Koehlert-Page）教授[⊜]在 2013 年的《内布拉斯加法律评论》中写过一篇文章，题为《正如灰姑娘继姐脚上的水晶鞋：至尊魔戒在法庭上显灵》[⊗]。她演示了如何将比喻嵌入故事中，从而创造出一个象征符号。在一则实例中，她描述在审讯连环杀手约翰·韦恩·盖西（John Wayne Gacy）时如何将一个作为证据的木制活板门变成了一个有意义的符号。盖西在新挖好的狭窄地下道上方

⊖　所谓"毒树之果"，是美国刑事诉讼中对某种证据所做的一个形象化的概括，意指"根据以刑讯逼供等非法手段所获得的犯罪嫌疑人、刑事被告人的口供，并获得的第二手证据（派生性证据）"。以非法手段所获得的口供是毒树，而以此所获得的第二手证据是毒树之果。——译者注

⊜　Michael R. Smith, talking about Hayes v. Lucky 33 F. Supp. 2d. 987, 995, n16 (ND Ala. 1997); see Smith, "Levels of Metaphor in Persuasive Legal Writing," *Mercer Law Review*, 58(3), 2007. Retrieved from http://ssrn.com/abstract=1105901.

⊜　Cathren Koehlert-Page, "Like a Glass Slipper on a Stepsister: How the One Ring Rules Them All at Trial," *Nebraska Law Review*, 91, 2013. Retrieved from http://digitalcommons.unl.edu/nlr/vol91/iss3/3.

⊗　至尊魔戒是托尔金小说《魔戒》中的物件，在第二纪元被索伦在末日火山中铸造，拥有强大的威力，但却只对索伦服务，而蛊惑其他持有它的人。——译者注

安装了一个活板门，并将受害者的尸体丢弃在地下道里。这个以物理形式真实存在的活板门不仅证明了盖西为实施谋杀所做的预谋，以及花费的时间和精力，也让人想到盖西打开那道活板门，将邪恶放入世间的情景，从而唤起人们对每一位被害者生命最后一刻的悲悯之情。

　　每次讲到面对面交流的机会正在失去的故事时，你不妨拿个手机挡在鼻子前试试看有什么效果。这个姿势将来或会成为你在听众印象里的一个象征符号，下次当他们发觉自己又开始瞄手机屏幕时，说不定会想起这个象征符号，从而产生面对面交流的欲望。导演 J. J. 艾布拉姆斯（J. J. Abrams）[⊖]在 2007 年一次 TED演讲（Technology，Entertainment，Design，技术 / 娱乐 /设计）中，手里捧着一个他儿时从魔法道具店买的"神秘盒子"，如此他就将神秘的力量符号化了。你用什么物体或图像作为你所传达信息的象征符号呢？当你将复述这种口头表达技巧与某个可视化或可感知的刺激物结合在一道，你就能创造出一个嵌入了象征意义的象征符号。

　　因为"斯科伍事件"名声大噪的盖瑞·斯宾塞（GerrySpence），他经营的辩护律师学院采用一种叫作"心理剧"的课程向律师们传授讲故事的技巧和主观思维。律师用这种方法学习如何再现关键事件，他们运用情景再现或戏剧方式执导一个故事，或在其中扮演一个角色，这个角色可以是自己，也可以是别

　　⊖　J. J. 艾布拉姆斯，美国导演、编剧、制作人、演员。作品有《迷失第一季》《碟中谍 3》《星际迷航》等。——译者注

人。训练的第一步是让每一位律师描述自己的个人故事，然后让同僚扮演不同的角色。每个律师都有机会听到自己故事的不同版本，因为那些扮演者们会从一个崭新的角度说出自己的感受和观点。

不要被**心理剧**这个字眼搞得慌了神儿，这个词听起来有点像某种治疗，但实际上是一个非常有用的工具，可以用来发现故事和创作故事。我也曾见过像杰伊·奥卡拉汉（Jay O'Callahan）这类专业的故事讲述人利用类似的流程来创作自己的故事。记得有一次，我和杰伊都参加了一个故事工作坊，杰伊让我们中的几个人站起来，扮演他的故事《浇注太阳》中的角色，故事讲的是外来移民炼钢工人的事。杰伊从中受益良多，因为我们都站在自己所分饰的角色可能站的立场上，这让他在脑海中更清晰地还原了当时的场景，从而提升了他讲故事的效果。我也从中受益良多，因为我也可以站在我扮演的那个角色的立场，感受她的优点、勇气和正直，并从这个角度看到她可能看到的情景。直到今天，我仍能感受到她的精神。

一开始，你可以邀请几位好友帮你"抹去"你讲过的故事中的某个情节，然后让大家留意之前从你自己的角度可能漏掉的东西。如果进行得顺利，你还可以将故事转变成角色表演形式，只要找几个听众扮演你故事中的角色就行了。你从这些角色里听到的故事可能会透露出一些细节，从中可以看出故事带给他们的是共情还是漠然。

在网上搜索关键词"心理剧"，你会发现更多课程和信息。我建议将其称为"现实生活的再现"，这样大家才不会乍一听就把它当成《阴阳魔界》(*The Twi-light Zone*) 那样的电视剧。[⊖]

叙事医学的秘密

做医生的需要了解患者的故事才能做出诊断。但是，随着电子病历这种新事物的普及，患者故事常常被数据替代了。与此同时，医生问诊的平均时间也在持续缩短。于是，有些医学院开始在教学生问诊技巧方面下更多功夫，以使医生更好地发现隐含在患者故事中的线索和情绪成分。

我们每个人若想从访谈中挖掘故事，都可以借鉴医生问诊时使用的技巧。不要打断患者的开场白，留心有哪些语言和非语言线索在主导对方的情绪，关注这些情绪，用理解的话语认可这些情绪，然后发掘情绪背后的故事。有时你得等对方把情绪宣泄完后，才能听到故事。不要因为自己有先入之见就提问题，这样会把患者的注意力从他们的故事中引开。

精神病医生和心理医生运用"叙事疗法"(narrative therapy) 的历史由来已久，他们让患者讲述自己的疾病、症状和应对策略，以此来加深自我觉知，转换视角，寻找治疗方案。理疗师和患者合作，从这些叙述中提炼出有价值的信息，同时检验是否还有其

⊖ 《阴阳魔界》，又译《迷离时空》，是一套美国恐怖惊悚科幻悬疑电视剧，从 1959 年一直播到 1964 年，原版剧集总共 159 集。1983 年，根据同名电视剧拍摄而成的电影版在美上映。——译者注

他信息。由此生成的、经过改进的新叙述，可以促使患者拥有更健康的行为和可持续的思维模式。医学和哲学双博士丽塔·卡戎（Rita Charon）在哥伦比亚大学医学中心设立了叙事医学这门课程，旨在证明和促进故事和叙述带给医学的价值。卡戎和她的同事还建议，医生应该养成写日志的习惯。

十多年前，我从广播里听到一名年轻医生的日志摘录："我对她的病已经无计可施了，但我还是留在她的房间里，我觉得任何人都不该孤独地死去。"如果你写日志，每天你都会回顾有哪些关键的事情值得写下来。对这名女患者来说，她的临终关键时刻成了广播里一段令人难忘的故事。如果你不写日志，你会忘记有些细节，也永远不会反思某件事，把它变成一个打动人的故事。

在正规医疗保健的边缘地带，患者和护工也会在社交媒体上交流一些故事，他们用聚集诊断结果，探寻治疗方法和疾病，寻求情感支持，并且提供数据来支持医学研究工作。有位母亲将自己患危病孩子的照片发布在 Facebook 上，附了一个简短的故事，说明医生目前给出的不确定性诊断，这让一位网友想到了她自己孩子的经历，于是她建议这位母亲带孩子去检查是否患有同样罕见且致命的疾病。检查结果呈阳性。这条评论可能救了这孩子一命。当然，Facebook 的设计初衷并不是为了提高医疗保健水平，但是它和其他社交媒体平台提供了许多机会，供我们挖掘、讲述、分享以及创作故事。

数字化故事和内容营销的秘密

如今的大企业也开始将故事用在构思研发、设计软件、制定市场营销和沟通策略上。思爱普（SAP）公司聘用了一位"首席故事官"，微软公司现在则有一位故事高级总监。讲故事的机构和博客也层出不穷。还有很多极好的在线课程和工作坊提供沉浸式训练，利用视频、音频、图片、剪辑软件推动你往前走，也不管你有没有搞明白自己想讲什么故事，讲给谁听，为什么要讲。你的潜意识会被迫接受一切，好在最终出来的东西可能令你喜出望外。对我来说，数字化故事包含了所有利用电子设备讲故事的形式。但问题是学习新软件或追逐最新的潮流技术也会吞噬你的时间，还可能将你吸入充满挫败感的黑洞，因为玩这些东西会"撕扯"你的注意力，让你无法用最原始的讲故事套路来展开你的故事，即面对面讲故事。

从个人层面上看，创作数字化故事对你具有转型意义，这种转变与学习绘画会改变你的视角如出一辙。这种经历能帮你发现自己的观点；通过讲出一个从未讲过的故事来宣泄情绪；还能迫使你检视自己曾经的假设，看看是否应该变一变了。并不是所有数字化的个人故事都能带来一场转变，但创作一个数字化故事这件事本身对创作者就是一种进步了。

我强烈建议你从创作一个能给你自己的眼前带来视觉盛宴的数字化故事开始，要在两分钟内尽量多地"塞入"特效、转场、声效和图片，边做边学，在实践中体验整个过程。对我来说，这就像捏着鼻子跳入泳池的深水区，令我又爱又恨。学习新技术令我创意勃发，我对自己的故事和讲故事的过程也洞见更深。

数字化故事中心（CDS，center for digital storytelling）的乔·兰伯特（Joe Lambert）二十多年来一直教授如何讲述数字化故事。数字化故事中心开设的工作坊从三天到五天不等，其间会让学员多次以口述的形式讲自己的故事，在引入各种脚本、故事情节串联板或技术辅助手段之前，他会先让学员通过内在情绪和集体反应来找到自己故事的精华所在。若想设计一个成功的数字化故事，个人和集体反思与懂技术同样重要。想要了解更多细节，你可以登录故事中心网站（storycenter.org）下载一份《数字化故事指南》（*Digital Storytelling Cookbook*），也可以报名参加乔的工作坊。乔的关注点是民权平等，这意味着他的故事创作过程很适合你发出自己的心声，讲述事实真相。

同样，如果群体中的人还未找到大家共同的观点，或者对"他们自己是谁""他们自己为何存在"尚未达成共识，并且对宣称的故事和亲历故事达不成一致，那么这时创作一个数字化故事也能带来表达形式上的转变，但方向却未必正确。只有先引导你的团队进行对话，就"我们是谁"和"我们为何在此"创建或进一步强化一个统一答案，然后再辅以数字媒体手段，你才不会浪费大量时间。如果CEO、CFO、产品经理、销售经理心里装的公司故事版本各不相同，那么大家就会为如何在海量的数字化手段、策略和调性上做选择而陷入争执，以致掩盖了核心问题，令最终效果大打折扣。

　　如果工作坊中有传统的口述型讲故事者参与，那么大家很少会在共同发现智慧和共同创造相关经历的数字化转型过程中迷失方向。数字化故事的讲述会增加一些有关音效、影像、剪辑的决策，这通常是一条陡峭的学习曲线，即你在短时间内就能很好地掌握它们。然而，用数字化手段讲故事与传统口头讲故事在发掘故事的过程上是一样的。也就是说，同样要找到你的故事，确定如何来讲述它，进行多次检验，根据反馈看看带来效果的是哪些地方，然后再加以完善。

　　如果故事的底子好，那么辅以数字化故事手段就是锦上添花，讲起来绘声绘色，这是口头故事所不及的。但是，如果故事本身就一般，那么不管你加上多少花里胡哨的点缀，都难以让它变得鲜活起来。

　　最后要考虑的一点是，许多用数字化手段讲故事的人宣称，数字化故事赋予你的"非传统"方式比其他媒体形式互动性更强。我认为这个说法忽视了一个事实，那就是互动式的讲故事方式本来就是最传统的讲故事方式。

　　的确，数字化故事能跨越时间，将共时的同步互动转变为非共时的异步互动，但不管怎样，互动一直是口述故事最根本的一部分。传统故事人把这称为听众参与，他们会邀请听众加入音效、歌曲，让听众决定故事接下来如何发展，让他们扮演故事中的角色，甚至在故事情境中玩个游戏。当你意识到自己能让所有这些传统老把戏焕发新生，你的创意就会层出不穷。

播客的秘密

有关故事播客最大的秘密，就是收听这些播客能让你在潜移默化中提高讲故事的水平。因为在收听时，你会与播客在你脑子里共同对故事进行再加工，这样你的大脑就可以学到那些制造画面和感知的绝招。播客《连载》（*Serial*）在 2014 年的收听率一下蹿到首位，它用 12 周时间分集讲述了一个真实的故事，由此证明，只要故事讲得精彩，人们也会花时间听长篇故事。《美国故事会》（*The Moth*）、TED 演讲和其他渠道有很多讲故事的精彩视频。你可以反复观看或收听你最喜欢的故事，然后列出你想尝试的具体技巧或创意。在搜寻最适合自己风格的故事创意时，要相信你的直觉。还要谨防那种老少咸宜的万能建议。

许多成功的讲故事博客网站都会提供讲故事的指导建议，这些建议代表了他们在自己专属媒体平台上所获得的专属成功经验。这并不是说他们的建议对你没有帮助，而是说不同的方法适合不同媒体平台上的不同的人。再有就是，故事天才们其实并不总是了解自己的天分。不过有一个值得注意的例外，也是一个公认的好主意，即可以用令对方意想不到的情节来重新夺回他们的注意力。

对于一个可以表演的故事或电影，这些专家建议我们去探寻故事中的最大风险是什么，并要确保这些风险造成的损失足够大。一个倒霉蛋的故事不会太吸引人，除非这个倒霉蛋战胜了一些艰难险阻，那就成了英雄故事了。另外，还有一种故事可讲，即当遇到某些关头，比如事情急剧恶化，或者即将失去某些极其重要的东西，而你这时想给听众的大脑边缘系统来点恐慌，那么故事就有了。太多的商业故事都过于规整。传统的案例研究都暗藏了一个圆满的结局，这真的很乏味。只有在故事中加进个人色彩和挫折打击，你才有办法让故事出乎听众和读者的意料。只有在故事主角走投无路时，你才能创造出足够的悬念，让听众伸长脖子探听哪些细节会产生作用，而且禁不住开始推测："若换作我，接下来该怎么办？"

高昂的风险损失可能包括失去某种关系、诚实的品格、父爱、自尊、正义、信仰，或者失去希望。如果仔细看，你会发现哪怕是一个简单的逸闻趣事也蕴含了价值观冲突。《南方公园》（*South Park*）的制作人特雷·帕克（Trey Parker）和迈特·斯通（Matt Stone）说，任何场景转换都要包含"所以"或"但是"的因素，这样才能保证每个场景在构建细节和事件时能有所呼应，要么用细节和事件为风险损失（所以）做铺垫，要么为风险起因（但是）做铺垫。在优化一个故事时，让它穿行在高风险大损失之间，这样雕琢出的故事往往都是有情绪冲击力的。

故事播客会带给你特别棒的故事，但是切记，这些播客淘汰的故事比他们讲述的故事多得多。《美国生活这点事》（*This American Life*）的播客伊拉·格拉斯（Ira Glass）说，他的团队有一半时间都花在了淘汰故事创意上。《美国故事会》里讲故事的人是从数百位满脑子故事的人中精挑细选出来的，通常还要让他们经过一年多的训练，才能登上主讲坛讲述自己的故事。所以你不妨对自己宽容一些，你可以欣赏和学习那些新锐的讲故事者的做法，尝试故事新玩法，吸纳一些新的讲故事招数，但是切记，一定要相信你自己讲故事和听故事时的感受，要守住那些对你自己、你的同伴和目标受众有意义的东西。毕竟能将你自己的故事讲得最好的人，非你自己莫属。

WHOEVER
TELLS
THE
BEST
STORY
WINS

教人讲故事

　　衡量一个讲故事工作坊办得好不好，不是看学员掌握了多么渊博的故事理论，而是要看培训完后，他们发现和讲述的故事数量有没有大幅增加，水平有没有大幅提高。正因如此，如果不首先解决自己心虚的问题就教人讲故事，这是说不通的。急于求成的人不愿接受自己脆弱的一面，也不愿让自己陷入焦虑和不安，这样一来，他们的故事实验就只能局限在"安全网"中，力求四平八稳。而结果就是他们讲的故事没有跌宕起伏，也没有自我表露，因而也就不会摄人心魄，不能让人感受到故事带来的情绪冲击。

　　我建议你首先设法克服这些障碍，最好从讲"我是谁"和"我为何在此"的故事开始。我采用的第二个诀窍是，让自己沉浸在那种单纯的讲故事和听故事的体验中，即当学员已经知道如何有声有色地讲相关故事了，就让他们现场做演示。你让学员感到自己完全能讲好一个故事，他们心虚的阻碍也就减弱了，而这会让每个人有更多机会培养技能，尝试五花八门讲故事的方式。

你在讲自己的故事时，可以告诉学员，其实每个人都是讲故事好手，从这个意义上说，每种信仰、每个观点、每段记忆都是故事。要实事求是，不要夸大模板和指南的作用，这些东西同给体重超标者的节食手册差不多，技术上没错，却难以产生实际效果。只知道自己应该做什么是没用的，还要你觉得真想做，并且找到了做这事的感觉。要培养技能去观察自己和旁人的情绪性推理是如何起作用的，这比模板和指南更有价值。

如此，你教的就不仅仅是讲故事了。这些提高讲故事水平的原则同样可全面用于领导力、情商、自省能力、沟通技巧的培养。当你用这套方法教学员讲故事，你也在教他们一种新的思维方式。学员们学习如何绘制听众大脑中的"地形图"，以此了解他们想影响的人；他们学习如何制定沟通策略，使之既尊重事实，又兼顾情感；本真的力量让他们刻骨铭心，从而转化成求真的习惯。

下面的时间表只是个参考，并不是让你在早上 9 点准时开始，我只是用这种方法告诉你顺序和重点而已。

为开场介绍环节做准备

我收集了 150 多张明信片，上面的图像代表了经常遇到的进退两难情形。我建议你也开始收集。我把这些明信片摊在地上，然后对学员说："请从这些明信片中挑一张，看看哪张图能诠释出你的角色或日常工作的氛围。"

这个方法是让大家用图像进行思考，这是一个拓宽想象力、避免分心的绝佳方法。你也可以用一张 PPT 演示六七张蠢萌的动物图片。不管什么图片，只要能描绘出大家在工作中感受到的情绪（开心、伤心、沮丧、有共鸣、困惑、有压力），都可以拿来用。

上午 9 点：增加可信度和融洽度

开场讲两三个"我是谁""我为何在此"的故事。你得多准备一些"我是谁""我为何在此"的故事，而后再考虑怎么教人讲故事。为此，前面提到的六类故事，你要各准备一个，故事桶里的"高光时刻""狼狈时刻""良师""书、电影、时事"故事也要各备一个。找寻、编撰、打磨十来个自己的故事，这个过程会为你赢得信誉，并且大幅提升本环节的融洽度。

上午 9 点 15 分：练习直觉和自我介绍

让学员给大家看他们选的图片，同时以下列句型简要介绍自己："我的角色是……这个角色有点像……因为……"

如果你教的是一个大班，可以让学员互相搭档，每人做两分钟自我介绍。然后你可以让每对搭档推荐"真正精彩的故事"在全班分享。我不会给大家定义什么是"真正精彩"，而是会鼓励他们相信自己的直觉，然后讨论直觉将把他们引向何方。

上午 9 点 30 分：故事定义和五种感知

把**故事**定义为叙述一种经历，会让讲故事的人和听故事的人都觉得故事很真。有时我会绘声绘色地描述咬一颗柠檬的感觉，然后问大家有没有人出现了某种生理反应。

这里的关键是要让每个人都保持敏锐，意识到我们的身体是如何解读现实的。不管大脑前额叶怎么想，身体最相信的还是它看到的、听到的、嗅到的、尝到的和触摸到的。当谈到企业为实现目标而奋斗时，讲几个带有生动感官细节的故事，然后唤起班里学员的视觉、听觉、嗅觉、味觉和感觉。

人们可能想听一点故事背后的科学道理，以此来安抚自己对客观证据的渴求。你在网上随手一搜，马上就能找到镜像神经元、神经元耦合等诸多信息。你也可以讲述第 1 章中农夫的故事，以此说明故事的开始和结束都是随意改变的，而"真相"取决于我们怎么看待这个故事，相不相信这个故事。

上午 9 点 45 分：客观 / 主观模式

审辨性思维可以训练我们在思考时尽量少依靠情绪和想象。我常常问学员，"你有没有说的明明是对的，却没人肯听你说话的时候"，或者"你有没有因为说真话而给自己惹上麻烦的时候"。

如果有，那是因为即便你给出了对的答案，这也并不意味着人家就会听你的。你要聚焦在如何勾起人们的好奇心上，因为这是人类共通的体验；你还要更加包容，接纳"审辨性思维并不总是最好的思维方式"这种观点。

用 PPT 把第 1 章出现的那张花瓶 / 人脸视错觉图像放出来，让大家评论。叫他们试试，看能不能同时看到两个画面。从神经学角度说，这是做不到的。向学员们说明为何看到人脸时，花瓶就暂时"消失"了。而当你切回原来的视角，花瓶又回来了。这张图像不仅说明了观察事实的角度与观察情感的角度是不一样的，还预见了暂时中断审辨性思维习惯带来的不安。

跟学员说，他们可以随时切回审辨性思维模式，但讲故事是主观思维在发挥作用。当搜寻和创作故事时，把眼光放在人身上远远胜过批评性分析。

我很少会将所有元素如表 A-1 这样列出，但我会围绕每个列出的元素讲个故事。你在表 A-1 中看到的带星号元素，是我认为很重要的。

表　A-1

客观现实	主观现实
事实 *	感觉 *
对或错（通过测量）	沟通、合作、影响
真或假——科学方法 *	体验——视情况而定 *
线性——99.6% 有保证 *	非线性——猜测和测试 *
配方	装小猫的盒子 *
规则（告诉你区别）	智慧（了解区别）
一致性（标准化政策）	宽容性（允许例外）
人的感受无所谓 *	人的感受最重要 *

在区分哪些是事实哪些是感觉时，你要确定自己认可客观思维和审辨性思维在我们日常生活中的作用。没人说审辨性思维和

客观思维不重要。我们只是说主观思维一直都被忽视，我们的这种思维能力可能已经退化了。因此我们有必要重新投入时间激活故事思维的能力，尤其是要发挥直觉的作用。再重申一遍，为了搜寻到好故事并将它们娓娓道来，我们不得不暂时将审辨性思维搁置在一边，因为它会将故事雏形扼杀在摇篮里，这样才能启动我们的直觉，激发我们的共情和智慧。

为了演示表 A-1 提到的事实和感觉，同时也为了增强学员的自信心，不妨让他们讲一个宠物故事："好的……我们现在来讲一个宠物的故事。不一定非讲你的宠物，随便哪只宠物都可以。找一个搭档，给你们每人两分钟。开始！"

有个最佳方法可以鼓励学员当着全班讲故事，让他们先给自己的搭档讲，然后让各个组合推荐他们觉得应该分享给全班听的故事。这样大家就能在一个低风险的场合中练习讲故事，另外，让那些有好故事却羞于表达的人也有被推荐的机会。这样选出来的故事必定很精彩，而且这种做法也告诉所有人，"魅力四射"并不是讲故事的秘籍。

讲完宠物故事后，你可以问问全班："你们觉得自己有什么不同吗？有什么变化吗？"

这时大家在描述自己的感受时，往往都会说感到更有活力了，而且与同班学员也更亲近了。其实，故事讲的是什么不重要，只要它能改变大家的情绪，就能改变接下来发生的事。

这时，你可以问大家推荐了哪些故事，然后选一些学员上来分享他们的故事。

等全班人都注意到了情绪和活力的转变，这时你要跟他们说，感受会改变人对事实的看法。然后你举几个例子，再让班里的学员举几个例子。

你可以这么说："假设你走进一间屋子，里面的人全都闷闷不乐，因为他们觉得没有人在意自己的看法。这时，如果你把自己掌握的事实和数据告诉他们，他们会怎样看待这些事实呢？处在愤世嫉俗和满心疑惑中的他们会觉得你的事实不可信。他们会抨击你的研究方法，质疑你的信息来源。而反过来，如果屋子里的人热情洋溢，他们则会放大你的事实。感觉要比事实有力量得多。事实能帮助人们思考，而情绪（在拉丁语词源中意为"开始行动"）能控制行为，也控制着人们对哪些是事实哪些不是事实的判定。"

为了让学员不再惦记一份写得明明白白的"讲故事配方"，我会举下面这个例子：

> 如果我想引起大家注意，我会带来一箱小猫。有数据证明，人类都喜欢小猫。假装我们在屋子中间放了一箱小猫。一只猫在追它的妹妹，还有一只从箱子里跳出来，玩一个人的鞋带。那么大多数人的注意力会投向哪里呢（没有什么是绝对的，有些人不喜欢猫）？
>
> 瞧，我已经找到了吸引人们注意力的诀窍。但如果我想把这种现象"微缩"一下，并且复制到其他场合呢？科学方法让我相信，只要对一样东西进行分析，我就能了解它。照这么说，我是不是该把小猫剖成两半来检查一下它

的成分呢？但这么做完之后呢？结果就是我毁了那个我最
想了解的东西。强行对讲故事（情绪的语言）进行分析，
会毁了你最想了解的那个东西。

说到这里，大家会觉得反胃。这类活生生的、有感知色彩的
画面能让你的想法也变得更加真实。做个鬼脸，开个玩笑吧。 此
时，稍微停顿一下比添加更多细节描述更恰当。你肯定不想惹得
大家作呕吧。

采用前面两个例子之后，你就可以安排后面的活动了。花 30
分钟时间来培养大家的"感觉敏感度"，这样在接下来的课程环
节，他们就不会再被讲故事的障碍绊住。

课程进行到这个时候，可能还是有少数几个审辨性思维的人
觉得不踏实（如果你的故事很精彩，这种人应该更少）。他们可能
会批评培训过程没有焦点和框架。你可以解释说，故事就是关乎
情境（与焦点相对）和体验（一旦总结成配方就烟消云散）的。如
果他们一直耐心听你讲，那么你的故事课和练习就可以开场了。

上午 10 点 15 分：故事练习，挑选核心信息

列出六类故事，然后专注于找寻"我是谁""我为何在此"的
故事。这是一桩"买一送一"的买卖，因为故事里的信息往往既
表露了"你是谁"，也表露了"你为何在此"。在工作坊中，我会
把这二者结合在一起。你要让学员们记住，那些认定你是好人，

相信你在此是出于正当理由的听众更容易被你的故事打动。所以，在任何情况下，只要你想打动听众，"我是谁"和"我为何在此"的故事都会起作用。

有时，我会让大家练习讲"三分钟故事"。商场注重精炼。如果我们假定可能多达 30% 的故事是不及格的，那么"三分钟故事"的原则可以保证让没效果的故事尽快结束！

让学员写下自己的三种品质，这三种品质给了他们打动特定目标受众的能力。提醒他们，切莫把自己的讲故事处女秀安排在一个毫无成功把握的场合。

等他们写下自己的三个品质并开始找寻相关故事，你要跟他们说不用担心听众怎么想，只要找到最能体现他们内在品质的故事就好。还要提醒他们，不要被内心的自我批判搞得畏首畏尾，认为这里跑题了，那里不合适，结果把一些原本十分精彩的故事过早地淘汰了。

上午 10 点 30 分：搜寻"四桶故事"

讲述你自己的高光时刻、狼狈时刻、你的良师，还有来自一本书、一部电影或一件时事的故事（见第 3 章），以此打开搜寻故事的四个故事桶。你每分享一个故事，也会收获一个故事。所以你讲得好不好，要看你的故事激发了多少大家的故事。你在示范真诚、真实、从挫折中振作、包容多重语义和接受实验这些原则时，不只是在教大家这些原则，还扩充了这些原则。让全班学员记下所有他们想到的故事创意。

上午10点45分：写故事梗概

让学员用5分钟时间，静静地写下一个故事创意的梗概。让他们在想象中重温一遍这件事，同时记下体验过程中进入脑海的图像、声音、气味、味道、触感，记下来的越多越好。他们可能只会用到所记细节的一小部分，但就这样也会为他们的故事增色。

上午10点50分：和搭档分享自己的故事

你要跟学员说明，故事雏形得先让某个友善的听众听一遍。让每位学员都测试一遍自己的故事雏形，看看友善的听众听了会有什么反应。跟听众说，他们听的时候如果发出"哦，天啊，我以前也在丹佛住过"这类大呼小叫，表示他们没有在听。让他们带着愉悦静静地聆听。带着愉悦聆听会给讲故事的人更多创造性的空间，让他们能即兴发挥，自如地掌控对话、细节和时机。

有些学员不到三分钟就讲完了，而有些三分钟时间到了还在讲。

要跟学员们说，如果搭档提早讲完故事，你要继续保持聆听状态，这样你的搭档为了把余下的时间填满，会搜肠刮肚接着讲。有时这个填空白的过程会给故事锦上添花。对于那些超时的人，你知道该教他们怎么做。是的，精炼是一种馈赠。

上午 11 点：通过出彩的元素感受故事的成功和技巧

教人讲故事是一件美好的事情，美就美在可以目睹人们发现那些自己已有的精彩故事，并且学会如何讲述它们。所以要让他们留心观察。

问你班上的学员"有谁刚才听到了好故事"，多数人都会举手。然后让他们环顾四周，看看在这间屋子里已经有多少好故事和讲故事的高手。趁着大家举手的机会，让大家推荐一个特别精彩的故事讲给全班学员听。接下来的步骤对于那些习惯给出批判性反馈的人来说或许有些温柔，不过，指出出彩的地方比提出建议或批评更需要勇气。

瞧见了吗？你已经知道该如何做了。你天生就有一种能力，可以识别出什么故事能让人怦然心动。问在座的人，谁还能推荐一个特别精彩的故事？这样我们就能进行下一个环节，将一个故事展开。精彩的故事就在那里。请指一位讲述那些精彩故事的人。我们要搞清是哪些元素让故事出彩的，这样就能记住，下次讲故事可以用上。

确保你有一套表达赞赏的句式，你可以把它们写在屏幕上或讲义上。

"你的故事告诉我，你是……"

　　"我喜欢你故事中描述的那些感知细节，比如……"

　　"你的故事让我想起了……"

　　"我能看出你的故事在（某种特定情况下）会影响到……"

　　要反复叮嘱学员，讲故事的人不必听他人说三道四，尤其不必听什么"人家"可能会误解之类的话。关照学员只要从一个讲故事人的角度讲述自己的亲身经历，并且遵循"点赞"的套路就行了。你可以利用本书第三部分的内容，向学员详细说明一些具体的讲故事技巧以及行之有效的策略。

　　如果课程时间还有富余，那么就来分享故事，相互夸奖吧。如果一切顺利的话，最后这个环节会剩下一小时的时间。不过，这还得看你班级的大小、具体情况和学员背景如何，也有可能只剩 15 分钟。相信你自己的直觉，千万不要丧失信心，只要你能教学员们如何跳出自己的窠臼，帮他们看到自己出彩的地方，所有学员就都能收获一份令人振奋的讲故事经历。

参 考 文 献

Angelou, Maya. *I Know Why the Caged Bird Sings*. New York: Bantam, 1973.
———. *Singin' and Swingin' and Gettin' Merry Like Christmas*. New York: Bantam, 1997.
———. *A Song Flung up to Heaven*. New York: Bantam, 2003.
Armstrong, Karen. *A Short History of Myth*. New York: Canongate, 2005.
Bahadur, Nina. "Dove 'Real Beauty' Campaign Turns 10: How a Brand Tried to Change the Conversation about Female Beauty," *Huffington Post*, March 14, 2014. Retrieved from http://www.huffingtonpost.com/2014/01/21/dove-real-beauty-campaign-turns-10_n_4575940.html.
Brodie, Richard. *Virus of the Mind: The New Science of the Meme*. Seattle, Wash.: Integral Press, 1996.
Bruner, Jerome. *Acts of Meaning*. Cambridge, MA: Harvard University Press, 1990.
Buckley, Cara. "Ira Glass's 'This American Life' Leaves PRI," *The New York Times*, July 2, 2014. Retrieved from http://www.nytimes.com/2014/07/06/arts/ira-glasss-this-american-life-leaves-pri.html.
Cash, Johnny. *Cash: The Autobiography*. New York: HarperOne, 2003.
Cialdini, Robert. *Influence: Science and Practice*. Boston: Allyn and Bacon, 2001.
Cleveland, Harlan. *Nobody in Charge: Essays on the Future of Leadership*. San Francisco: Jossey-Bass, 2002.
Close, Henry T. *Metaphor in Psychotherapy: Clinical Applications of Stories and Allegories*. San Luis Obispo, Calif.: Impact, 1998.
Collins, Jim. *Good to Great: Why Some Companies Make the Leap . . . and Others Don't*. New York: HarperCollins, 2001.
Cooper, Alan, Robert Reimann, and Dave Cronin. *About Face 3: The Essentials of Interaction Design*. Indianapolis, Ind.: Wiley, 2007.
Cooper, Robert K., and Ayman Sawaf. *Executive EQ: Emotional Intelligence in Leadership and Organizations*. New York: Grosset/Putnam, 1997.

Cron, Lisa. *Wired for Story: The Writer's Guide to Using Brain Science to Hook Readers from the Very First Sentence.* Berkeley: Ten Speed, 2012.

Davies, Andrew. "Coca-Cola Marketing: The Future," *idio blog*, February 9, 2013. Retrieved from http://www.idioplatform.com/coca-cola-content-marketing-is-the-future-2.

De Ciantis, Cheryl, and Kenton Hyatt. *What's Important: Understanding and Working with Values Perspectives.* Tucson, Ariz.: Integral Publishers, 2014.

Downs, Alan. *The Half-Empty Heart: A Supportive Guide to Breaking Free from Chronic Discontent.* New York: St. Martins, 2004.

———. *Secrets of an Executive Coach: Proven Methods for Helping Leaders Excel under Pressure.* New York: AMACOM, 2002.

Duarte, Nancy. *Persuasive Presentations.* Boston: Harvard Business Review, 2012.

———. *Resonate: Present Visual Stories that Transform Audiences.* Hoboken, N.J.: John Wiley and Sons, 2010.

Fähling, Jens, Michael Huber, Felix Böhm, Jan Marco Leimeister, and Helmut Krcmar. "Scenario Planning for Innovation Development: An Overview of Different Innovation Domains," *International Journal of Technology Intelligence and Planning (IJTIP)*, 8(2), 2012: 95–114.

Feudtner, Chris. "Patients' Stories and Clinical Care: Uniting the Unique and the Universal?" *Journal of General Internal Medicine*, 13(12), December 1998: 846–49. Retrieved from http://www.ncbi.nlm.nih.gov/pmc/articles/PMC1497037.

Forman, Janice. *Storytelling in Business.* Stanford, Calif.: Stanford University Press, 2013.

Gilbert, Daniel. *Stumbling on Happiness.* New York: Alfred Knopf, 2006.

Gladwell, Malcolm. *Blink: The Power of Thinking without Thinking.* Boston: Little, Brown, 2005.

———. *The Tipping Point: How Little Things Can Make a Big Difference.* Boston: Little, Brown, 2000.

Glimcher, Paul W. *Decisions, Uncertainty, and the Brain: The Science of Neuroeconomics.* Cambridge, Mass.: MIT Press, 2004.

Godin, Seth. *All Marketers Are Liars: The Power of Telling Authentic Stories in a Low-Trust World.* London: Penguin, 2005.

———. *Permission Marketing: Turning Strangers into Friends and Friends into Customers.* New York: Simon and Schuster, 1999.

Goleman, Daniel. *Emotional Intelligence: Why It Can Matter More than IQ.* New York: Bantam, 1995.

Gottschall, Jonathan. *The Storytelling Animal: How Stories Make Us Human.* New York: Houghton Mifflin Harcourt, 2011.

Harrell, Cyd, and Jodi Leo. "Metaphorical Analysis: The Powerful Research Technique You're Not Using," *UX Magazine*, April 19, 2013. Retrieved from https://uxmag.com/articles/metaphorical-analysis.

Heath, Chip, and Dan Heath. *Switch: When Change Is Hard.* New York: Random House, 2010.

Hinton, Andrew. "The Story Is the Thing," *UX Storytellers: Connecting the Dots*. Ed. Jan Jursa. Retrieved from http://www.scribd.com/doc/40698393/UX-Storytellers.

Katherine, Anne. *Where to Draw the Line: How to Set Health Boundaries Every Day*. New York: Fireside, 2000.

Koehlert-Page, Cathren. "Like a Glass Slipper on a Stepsister: How the One Ring Rules Them All at Trial," *Nebraska Law Review*, 91, 2013. Retrieved from http://digitalcommons.unl.edu/nlr/vol91/iss3/3.

Lakoff, George. *Don't Think of an Elephant! Know Your Values and Frame the Debate: The Essential Guide for Progressives*. White River Junction, Vt.: Chelsea Green, 2004.

Lamott, Annie. *Bird by Bird: Some Instructions on Writing and Life*. New York: Anchor, 1994.

Langer, Ellen J. *Mindfulness*. Reading, MA: Addison-Wesley, 1989.

———. *On Becoming an Artist: Reinventing Yourself through Mindful Creativity*. New York: Ballantine, 2005.

———. *The Power of Mindful Learning*. Reading, Mass.: Addison-Wesley, 1997.

Lawrence-Lightfoot, Sara. *Respect: An Exploration*. Reading, Mass.: Perseus, 2000.

LeDoux, Joseph. *The Emotional Brain: The Mysterious Underpinning of Emotional Life*. New York: Touchstone, 1996.

Levitt, Steven, and Stephen Dubner. *Freakonomics: A Rogue Economist Explores the Hidden Side of Everything*. New York: HarperCollins, 2005.

Lewis, C. S. *Surprised by Joy: The Shape of My Early Life*. London: Fontana, 1956.

Lipman, Doug. *Improving Your Storytelling: Beyond the Basics for All Who Tell Stories in Work or Play*. Little Rock, Ark.: August House, 1999.

———. *The Storytelling Coach*. Atlanta: August House, 1995.

Lohr, Steve. "Unblinking Eyes Track Employees, Seeing Both Good and Bad," *The New York Times*, June 22, 2014. Retrieved from http://www.nytimes.com/2014/07/06/arts/ira-glasss-this-american-life-leaves-pri.html?_r=1.

Mayhew, Deborah J. "Ux Then and Now," *UX Storytellers: Connecting the Dots*. Ed. Jan Jursa. Retrieved from http://www.scribd.com/doc/40698393/UX-Storytellers.

Meyer, Phillip N. *Storytelling for Lawyers*. New York: Oxford University Press, 2014.

Mezzick, Daniel. *The Culture Game: Tools for the Agile Manager*. Lexington, Ky.: Freestanding, 2012.

Mighall, Robert. *Only Connect: The Art of Corporate Storytelling*. London: LID, 2013.

National Philanthropic Trust. "Charitable Giving Statistics," January 16, 2015. Retrieved from http://www.nptrust.org/philanthropic-resources/charitable-giving-statistics.

Ornstein, Robert. *The Right Mind: Making Sense of the Hemispheres*. San Diego: Harvest, 1997.

Pert, Candace B. *Molecules of Emotion: Why You Feel the Way You Feel*. New York: Scribner, 1997.

Robbins, Ruth Anne. *Your Client's Story: Persuasive Legal Writing*. Waltham, Mass.: Aspen, 2012.

Rose, Billy. "The Unknown Soldier," *The Best Loved Poems of the American People*. Ed. Hazel Felleman. Garden City, NY: Doubleday, 1936.

Schank, Roger C. *Tell Me a Story: Narrative and Intelligence*. Evanston, Ill.: Northwestern University Press, 1998.

Schank, Roger, and Ellen Langer, eds. *Beliefs, Reasoning, and Decision Making*. Mahwah, N.J.: Lawrence Erlbaum, 1994.

Seligman, Martin. *What You Can Change and What You Can't: Learning to Accept Who You Are*. New York: Fawcett Columbine, 1993.

Senge, Peter, C. Otto Scharmer, Joseph Jaworski, and Betty Sue Flowers. *Presence: An Exploration of Profound Change in People, Organizations, and Society*. New York: Doubleday, 2005.

Shan-Loong, Mark Lim. "'Shared Values' and Their Role in Singapore's Evolving Ideological Framework," March 26, 1999. Retrieved from http://marklsl.tripod.com/Writings/values.htm.

Signorelli, Jim. *Storybranding 2.0: Creating Standout Brands through the Power of Story*. Austin, Tex.: Greenleaf, 2012.

Simmons, Annette. *A Safe Place for Dangerous Truths: Using Dialogue to Overcome Fear and Distrust at Work*. New York: AMACOM, 1999.

———. *The Story Factor: Inspiration, Influence and Persuasion through the Art of Storytelling*, 2nd ed. Boston: Basic, 2006.

———. *Territorial Games: Understanding and Ending Turf Wars*. New York: AMACOM, 1998.

Smith, Michael R. "Levels of Metaphor in Persuasive Legal Writing," *Mercer Law Review*, 58(3), 2007. Retrieved from http://ssrn.com/abstract=1105901.

Suroweicki, James. *The Wisdom of Crowds*. New York: Doubleday, 2004.

Tan, Eugene. "Singapore Shared Values," *Singapore Infopedia*, 2015. Retrieved from National Library of Singapore website, http://eresources.nlb.gov.sg/infopedia/articles/SIP_542_2004-12-18.html.

Taylor, William C. "Get Out of That Rut and into the Shower," *The New York Times*, August 13, 2006.

Walsh, Stephen H. "The Clinician's Perspective on Electronic Health Records and How They Can Affect Patient Care," *BMJ: British Medical Journal*, 328(7449), 2004: 1184–87. Retrieved from http://www.ncbi.nlm.nih.gov/pubmed/15142929.

Watts, Nigel. *Writing a Novel*. London: Hodder Education, 2006.

Wilson, Chauncey. "Method 5 of 100: Metaphor Brainstorming, 100 User Experience (UX) Design and Evaluation Methods for Your Toolkit," *Autodesk Blog*, February 1, 2011. Retrieved from http://dux.typepad.com/dux/2011/02/this-is-the-5th-in-a-series-of-100-short-articles-about-ux-design-and-evaluation-methods-todays-method-is-called-metaphor.html.

Zipes, Jack. "Chapter One: The Cultural Evolution of Storytelling and Fairy Tales," *The Irresistible Fairy Tale: The Cultural and Social History of a Genre*. Princeton, N.J.: Princeton University Press, 2010. Retrieved from http://press.princeton.edu/titles/9676.html.